应急处置与安全自救

校内外学生疾病预防管理与教育

陶洪仁 编著

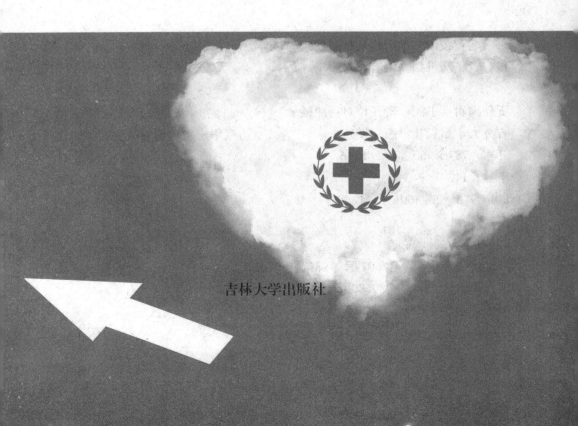

吉林大学出版社

图书在版编目（CIP）数据

　　校内外学生疾病预防管理与教育/陶洪仁编著 . —
长春：吉林大学出版社，2012.10
　　（应急处置与安全自救/李智能主编）
　　ISBN 978 - 7 - 5601 - 9142 - 3

　　Ⅰ. ①校… Ⅱ. ①陶… Ⅲ. ①疾痛—预防（卫生）—
中小学—课外读物 Ⅳ. ①G479

　　中国版本图书馆 CIP 数据核字（2012）第 232978 号

书　　名：校内外学生疾病预防管理与教育
作　　者：陶洪仁　编者

责任编辑：王丽　责任校对：曲楠　　　　　　　　　封面设计：刘玉艳
吉林大学出版社出版、发行　　　　　北京市联华宏凯印刷有限公司　印刷
开本：787×960 毫米　1/16　　　　　　　　　　　　　　印张：11
字数：142 千字　　　　　　　　　　2015 年 1 月第 1 版第 2 次印刷
ISBN 978 - 7 - 5601 - 9142 - 3　　　　　　　　　定价：29.80 元

社址：长春市明德路 501 号　邮编：130021
发行部电话：0431 - 89580026/28/29
网址：http://www.jlup.com.cn
E-mail：jlup@mail.jlu.edu.cn

前　言

　　校园安全是指学生在校期间，由于某些偶然突发因素而导致的人为伤害事件。就其特点而言，责任人一般是因为疏忽大意或过失失职造成的，而不是因为故意而导致事故发生的。

　　校园安全工作是全社会安全工作的一个十分重要的组成部分，直接关系到青少年学生能否安全、健康地成长，更关系到千千万万个家庭的幸福安宁和社会稳定。

　　校外安全是指学生在校外期间，由于学生年幼无知和缺乏监护而导致的安全事故。学生校外安全是一个永远而沉重的话题，比如全国每年在暑假期间都有很多因为学生外出游泳溺水而亡的群体事件发生，还有触电、车祸、烧伤等事件发生，严重影响了青少年学生的生命安全。在我国，青少年学生意外伤害多数发生在学校和上学途中，而在不同年龄的青少年中，又以15至19岁意外伤害的死亡率最高。

　　校园内外学生的安全是我们每个师生、家长和社会十分关心的问题。广大学生作为特殊的群体，他们的健康成长与生命安全涉及千家万户，培养他们健康成长，保护他们生命安全，这是我们全社会的共同责任。据有关部门对中小学生安全问题的调查表明：中小学生中52.8%的认为比较安全，12.5%的认为自己不是很安全，还有34.7%的认为自己的安全状况"一般"。在调查是什么因素对中小学生安全影响最大时：有47.2%的认为"社会上的不良风气"影响最大，再依次是"学校周边的不良环境"占19.4%、"交通安全"占15.3%、"交友的不慎"占6.9%,"上经营性网吧"占2.8%,"其他"占8.4%。

可见,加强和保护中小学生校内外安全是一个系统工程,一是必须要做到广泛宣传,让全社会都来保护中小学生校内外安全和关心青少年犯罪问题,特别是学校要担负起重要责任;二是广大家长要正确关心、引导、管好孩子,要教育孩子随时注意自身安全;三是中小学生要加强校内外安全知识的学习,做到有备无患,增强人身预防和安全保护意识。

校园内外安全问题已成为社会各界关注的热点问题。保护好每一个孩子,使发生在他们身上的意外事故减少到最低限度,已成为中小学教育和管理的重要内容。特别是那些缺乏辨别能力、行为能力和避险能力的小学生,更应加强校内外安全的教育与呵护。我们应该深刻认识到:孩子们的安全比天大,成年人的责任比山重。

为此,我们在有关部门和专家指导下,特别编写了本套《应急处置与安全自救》,主要内容包括交通、用电、防火、运动、网络、黄秽、赌博、毒品、诈骗、盗窃、暴力、灾害、犯罪、疾病等安全问题的预防管理与教育培养,具有很强的系统性和实用性,是指导广大学生和学校进行安全知识管理与教育的良好读本,也是各级图书馆收藏和陈列的最佳版本。

目　录

第一单元　身体健康基本常识

第二单元　强身健体基本常识

第三单元　心理健康基本常识

第四单元　生活卫生基本常识

第五单元　疾病防治基本常识

第六单元 饮食与健康主题活动

第一单元
身体健康基本常识

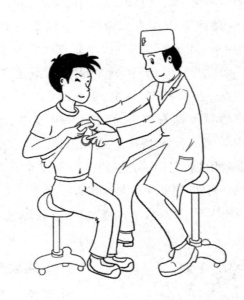

青少年身心发育特征

人类的躯体形态、生理功能、神经、心理从量变到质变的动态过程，即为身心发育。少儿各器官的生长乃至整个机体的增长为量的变化，而细胞、组织、器官功能的成熟则为质的变化。体现这种从量变到质变的标志就是儿童形体、生理、心理的年龄特征。儿童年龄阶段划分为胎儿期（从受孕至出生共 280 天）；新生儿期（出生至满 28 天）；婴儿期（出生后 28 天至 1 岁）；幼儿期（1 岁至 3 岁）；学龄前期（3 岁后至 6 岁）；学龄期（7 岁至青春期）；青春期（又叫少年期，女孩从 11 岁至 18 岁，男孩从 13 岁至 19 岁）。

青少年在各年龄阶段都有其显著的形态生理特征和心理特征，即存在典型而又稳定的身心发育特征，这是家庭、学校和社会对他们进行教育与训练的重要依据，任何超越或落后年龄阶段的教育内容及方式方法都有可能阻碍青少年的身心发育和身心健康。

青少年身心发育具有连续性、不平衡性、规律性、个体差异性等特征。

一、连续性

即在整个儿童时期是不断进行的，但各年龄并非等速进行，一般年龄越小，增长越快。出生后头 3 个月生长最快，以后逐渐减慢，到青春期又猛然加快。

二、不平衡性

各系统的发育快慢不同，各有先后，如神经系统发育较早，生殖系统则较晚。

三、规律性

一般遵循由上至下、由近至远、由粗至细、由低级至高级、由简单至复杂的规律。如出生后运动发育的规律是：先抬头，后挺胸，再会坐、立、行（由上至下）；从臂至手，从

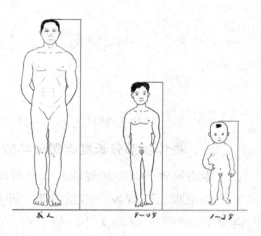

腿至脚活动（由近至远）；先会手握后用手指端、摘、取（从粗到细）；先会画直线，进而能画圆、画人（由简单至复杂）；先学会观看和感觉事物，认识事物，再发展到记忆、思维、分析、判断（由低级至高级）。

四、个体差异性

虽有上述规律，但在一定范围内由于遗传、性别、环境、教养等因素的影响而存在着相当大的个体差异。如某一儿童的身心发育可能提前或落后于他的年龄阶段，儿童之间的体力、能力、气质等也存在个体差异。因此，在实施教育与训练时，既要以儿童身心发育的年龄特征为依据，又要照顾到儿童身心发育的个别特征，这样才能促进儿童身心的健康发育。

青少年体格发育特征

青少年的体格发育具有一定的规律性，但也存在着个体差异。

一、身体各部分长度比例随年龄而不同

体格发育有其头尾规律。头在母体子宫内和婴幼儿期占领先地位，呈"头重脚轻"现象，出生时头大身体小，肢体短。以后四肢的增长速度快于躯干，渐渐头小、躯干粗、四肢长。胸围增大速度大于头围增大速度，出现成人体型。婴儿头部高度占身高的1/4，成人头高占身高的1/8。

二、各系统器官发育不平衡

神经系统发育较早，生殖系统发育较晚，淋巴系统的发育则先快而后缓，皮下脂肪在年幼时较发达，而肌肉组织则在学龄期才发育加速。

青少年饮食保健常识

　　青少年饮食保健主要通过制定科学而卫生的膳食制度来实现。这是因为，合理的膳食制度使营养素之间比例平衡，分配合理，又使胃的负担适宜，按时定量进餐成为条件刺激，使大脑皮质形成条件反射，这样，食欲旺盛，有利于营养物质的消化、吸收和利用。

　　科学实践证明，一日三餐比一日二餐或一日多餐都要合理，这是因为食物在胃内排空的时间是 4～5 小时，只有胃排空后才愿意接纳下一餐。这样使得消化道有劳有逸，营养的消化吸收也好。

一、合理安排进餐

　　合理的一日三餐的进餐时间为：早餐 7：00—8：00，午餐 11：30—12：30，晚餐 5：30—6：30；三餐的热量分配为：早餐占 30%～35%，午餐占 40%～45%，晚餐 20%～30%。

　　只有合理地安排好孩子的一日三餐的膳食，才能满足孩子生长发育的需要，才算达到平衡膳食。

　　从生理需要上讲，早餐是一天中最重要的一餐。经过一夜的睡眠，已有十几个小时未摄食，而且每天上午常常是学习、活动量大而集中的时间，如果早上马马虎虎地混一下，远远抵挡不住身体的消

耗，特别是到 11：00 左右时，因饥饿，血糖不能维持在正常水平，学习注意力不能集中，思维混乱，精神不振，反应迟钝，学习效率下降，因此一定要注意孩子的早餐。

早餐最理想的配给是既有碳水化合物，也有适量的优质蛋白和脂肪，如包子、馒头、豆浆、牛奶、鸡蛋之类的混合性食物，在胃内停留时间长，能维持上午热能的需要。

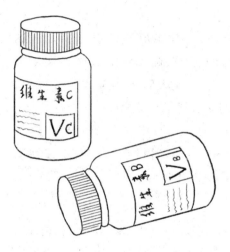

课间加餐，是膳食构成上补充早餐热量不足的重要方法。可以由学校组织，在第二节课后补充食物，如牛奶或豆浆、点心或面包之类，也可从家里自带。

午餐是一天的主餐，要供给以碳水化合物为主的足量食品，如米饭、馒头。蔬菜中还应配一些以瘦肉为主的肉类，以保证各种营养素的摄取。这样才能适应下午作息时间长、文体活动较多的特点。

晚餐宜选清淡少油腻的饮食，而且要富含维生素和粗纤维的蔬菜，既能帮助消化，又能供给较多量的无机盐、微量元素，以吃到八成饱为好。如果晚餐吃得过饱过于油腻，睡眠时，由于血液大部分供给消化功能，大脑血液分配相应减少，睡眠时会出现失眠、多梦等，影响睡眠质量。另外，长期能量过剩，被转变成脂肪贮存在腹壁之下，也使人发胖，给身体健康带来一定隐患。

二、谨防食物中毒

饮食保健除了用科学的膳食保证身体的正常生长外，还有一个特别重要的问题，就是谨防食物中毒。

食物中毒是指摄入了含有有毒有害物质的食品或者把有毒有害物

质当做食品摄入后出现的急性、亚急性疾病。这是一类经常发生的疾病，会对人体健康和生命造成严重损害。同学们正处于身体生长发育阶段，因此，预防食物中毒，保证健康成长至关重要。

首先了解一下食物中毒的种类。食物中毒主要分为细菌性食物中毒、真菌毒素食物中毒、化学性食物中毒、植物性和动物性食物中毒。日常生活中常见的食物中毒主要以细菌性食物中毒多见。另外，菜豆中毒、豆浆中毒和因误食有毒有害物质引起的中毒也时有发生。

那么，怎样预防食物中毒呢？

针对年龄特点，同学们应该主要做到以下几点：

1. 养成良好的卫生习惯

饭前便后要洗手。不良的个人卫生习惯会把致病菌从人体带到食物上去。比如说，手上沾有致病菌，再去拿食物，污染了的食物就会进入消化道，就会引发细菌性食物中毒。

2. 选择新鲜和安全的食品

购买食品时，要注意查看其感官性状，是否有腐败变质。尤其是对小食品，不要只看其花花绿绿的外表诱人，要查看其生产日期、保质期，是否有厂名、厂址等标识。不能买过期食品和没有厂名厂址的产品，否则，一旦出现质量问题无法追究。

3. 食品在食用前要彻底清洁

尤其是生吃蔬菜瓜果要清洗干净，需加热的食物要加热彻底。如菜豆和豆浆含有皂甙等毒素，不彻底加热会引起中毒。

4. 尽量不吃剩饭菜

如需食用，应彻底加热。剩饭菜，剩的甜点心、牛奶等都是细菌的良好培养基，不彻底加热会引起细菌性食物中毒。

5. 不吃霉变的食品

粮食、甘蔗、花生米，其中的霉菌毒素会引起中毒。

6. 警惕误食有毒有害物质引起中毒

　　装有消毒剂、杀虫剂或鼠药的容器用后一定要妥善处理，防止用来喝水或误用而引起中毒。

　　7．不到没有卫生许可证的小摊贩处购买食物。

　　8．饮用符合卫生要求的饮用水

不喝生水或不洁净的水。

　　9．提倡体育锻炼，增强机体免疫力，抵御细菌的侵袭。

　　只要从以上几个方面入手，认真学习食品卫生知识，掌握一些预防方法，提高自我卫生意识，就能最大限度减少食物中毒的风险度，从而预防食物中毒，保证我们的身体健康。

青少年生活保健常识

一、中小学生对营养素的需要

处在青春发育期的中小学生对营养有一些特殊要求。

首先是对热能的要求。中小学生的食欲很旺盛，食量也大，这是人所共知的。这反映出他们需要的热量在增加，如果不能满足这样的需求，肯定要严重影响生长发育。

根据我国的情况，青少年需要的热能标准最高 12000 千焦耳（2868 千卡），其中主食中提供热能 8000 千焦耳（1912 千卡）左右（平均每天 550 克），副食提供 3200 千焦耳（765 千卡）左右，比如 250 克豆浆，50 克豆制品，100 克肉类食品，再加上蔬菜 500 克及适量的调味品，基本上能满足需要。有条件的话，每天吃一个鸡蛋或喝半斤牛奶，饭后再吃些水果就更为理想了。

按我国饮食习惯来计算，中小学生膳食中蛋白质总量有 80 克左右，并不低。但是它们大部分是来自粮谷类食物，而粮谷中的蛋白质缺少赖安酸，不易吸收。优质蛋白质的含量最多的食物有蛋类、乳类、肉类、动物内脏、鱼类、虾蟹类和黄豆的豆制品等，这些食物应适当地安排到的一日三餐中去。

另外，还要注意维生素的供给，如果维生素 D 不足，会发生轻度的佝偻病或骨质疏松症。维生素 A 不足使人对弱光感光能力减弱。核黄素不足会造成代谢的失调。为了保证维生素的供给，除了不可缺少的动物性食物外，每天最好要有 500 克新鲜蔬菜，其中应有一半的绿叶菜为好。

钙、磷、铁、碘对血液凝固、神经传导、肌肉活动、新陈代谢和体内酸碱平衡的调节等也有很大作用，应合理摄取。

二、少女青春期的合理饮食

女孩子从 10～18 岁起就开始进入青春期，标志着豆蔻年华的到来，青春期的开始，是人体生理发展的一个转折点，此时，人体各器官迅速发育成长，逐步完善，对营养素的要求也越来越高，为了使少女在青春期得到健康成长，注意合理饮食至关重要。因此应当注意膳食的配备，食物品种应多样化，尤其是应多吃一些营养丰富，含有优质蛋白质的食物。

少女青春期最显著的特点是，性腺（卵巢）的发育、成熟和月经的来潮，而性腺的发育，需要优质蛋白质的参与，因此，每天应摄入一定量的奶或奶制品、瘦肉、鱼、蛋等食品，如有可能，每天可饮半斤牛奶，食用两个鸡蛋。月经的来潮，每月都要损失一定量铁元素，为了补充铁质，防止贫血，平常要注意多吃些含铁丰富的瘦猪肉、蛋、鱼等，各种动物血也是补血佳品，价钱又便宜，可以进食一些。

三、不能边看书边用餐

食物的色、香、味、形能通过人的感官产生条件反射，从而增进人的食欲，使人体获得足够的营养素。吃饭的同时看书、看报或者观看电视，其主要注意力肯定不全在饭菜上，因而再好的饭菜也品不出味道来。

另外，眼睛不断地通过报纸、书籍或电视屏幕往脑子里输送信号，大脑就会被迫付出一定的精力来对输入的各种信号进行整理、分析、综合、判断和加工，并消耗一定的能量，这就要求更多的血液来为大脑服务。

这样一来，流经肠胃的血液就会减少，这种做法，偶尔为之当然没有什么，可是时间长了，成为一种习惯，势必会诱发肠胃系统的疾病。

据调查，患肠胃疾病的人中，有相当一部分人喜欢在吃饭的同时"聚精会神"地看书、看报、看电视，因此，这种习惯应当纠正。

四、营养不良的原因

1. 进食不足

不吃早餐或进食量少，导致蛋白质热量供应不足和维生素、无机盐缺乏。

2. 膳食结构不合理

膳食中缺乏含有优质蛋白质和维生素 A、B_2、C 及锌、钙、铁等营养素的食品，饮食过分单一，如偏素食，不能做到荤素合理搭配。

3 饮食习惯不良

喜挑食，偏食，滥吃零食，喜欢饮大量的饮料或所谓"营养滋补品"，并以此代替主食而导致营养摄入不足。

4. 营养知识缺乏

不懂得如何合理营养和平衡膳食。

5. 疾病因素

胃肠道疾病，如胃炎和溃疡、慢性肠炎等导致食物消化吸收不良；蛔虫、钩虫等肠寄生虫病导致蛋白质等慢性消耗；龋齿等口腔疾病导致咀嚼等消化不良；结核、肝炎等病导致慢性营养性消耗。

五、营养不良的表现

蛋白质、热能不足性营养缺乏症。主要是蛋白质和碳水化合物贫乏、对疾病抵抗力差而经常患病等蛋白质缺乏症状和体征；以及身体疲劳无力，反应迟钝，热量长期不足，这可致其他营养素代谢障碍，出现相应的缺乏症。

1. 维生素缺乏病

不同维生素缺乏症可出现不同的特征性异常表现，据此可作出自我诊断。

2. 维生素 A 缺乏症

有畏光、夜间视物模糊不清等夜盲症表现；并有皮肤干燥、脱屑、皲裂以及对传染病抵抗力下降表现。

3. 维生素 D 缺乏

有"鸡胸"等佝偻表现，牙齿发育不齐、排列不整、易发生龋齿。

4. 维生素 B_1 缺乏

易致胃肠功能不良，如消化不良，并导致手脚发麻等多发性周围性神经炎及脚气病等。

5. 维生素 B_2 缺乏

易致口角炎、舌炎、唇炎、皮炎等，表现为舌乳头红肿疼痛、口角口唇皲裂、出血、起泡等皮肤损害。

6. 维生素 B_{12} 缺乏

易致脸色苍白、毛发稀黄、食欲不佳、精神不振等贫血症状体征。

7. 维生素 C 缺乏

经常有皮下出血（指皮下紫癜），牙龈出血，伤口不易愈合，皮肤粗糙以及坏血病表现。

8. 无机盐缺乏病

主要是缺锌、铁、碘。

9. 锌缺乏

表现为长期发育迟缓、性征不发育，味觉减弱或丧失，导致食欲差和"食无味"，智力发育水平差，疾病抵抗力弱。

10．铁缺乏

主要表现为缺铁性贫血，如皮肤黏膜苍白，全身乏力易疲劳，学习工作能力和效率降低等。

11．碘缺乏

可致缺碘性甲状腺肿大。

当自身出现相应的营养不良临床表现时，应及时到医院做全面检查。

六、营养不良的解决

树立营养意识，学习营养知识，充分认识合理营养的重要性，主动学习营养知识，用科学的饮食营养知识指导自己的饮食行为。

培养良好的饮食习惯，做到不挑食，不偏食，不滥吃零食，合理安排膳食。

治疗导致营养不良的相关疾病，如胃肠道疾病、结核病、肝炎病、蛔虫病等。

饮食营养疗法，即通过加强合理营养和平衡膳食提高营养水平。做到合理安排膳食结构和增加进食量，重在"荤素搭配，粗细搭配"。提高动物性和大豆制品等优质蛋白质摄入量。

补充相应的营养素，如补充相应缺乏维生素或无机盐等。

自我监测，及时诊治，当发现自己食欲较差，体重增长过慢，外形较瘦等情形时应主动测量身高、体重从而判断自身的营养状况，同时监测营养缺乏的临床症状，以便及时采取相应的防治措施，严重或不明病因的营养不良病患者应去医院作进一步诊治。

青少年运动保健常识

青少年正处在生长发育阶段，体育锻炼对增强体质、促进健康有重要的意义。它能促进新陈代谢，增强各器官、系统的结构和功能，提高生理功能，从而促进身体的发育与健康。

一、增加心肌力量

体育运动能增进心肌力量，使心肌收缩有力，从而使每搏输出量增多，可从每搏 60 毫升血液增加至 90 毫升以上。这样，在心脏每搏输出量增多的情况下，安静状态时心率相应减慢，心脏的工作贮备能力增强，使机体的体力、耐力增加。

二、增进新陈代谢

运动时体内新陈代谢增加，能量消耗增多，使胃肠蠕动增强，同时消化分泌液增多，提高了消化吸收能力，增加食欲，有利于儿童的生长发育。

三、提高身体素质

运动能够促进身体素质和运动能力的提高，即力量、耐力、速度、灵敏、柔韧等素质以及走、跑、投掷、攀爬等活动能力的提高。

四、促进骨骼发育

通过体育锻炼，肌纤维变粗，肌肉内贮备氧的肌红蛋白增加，从而使肌肉能适应紧张的工作。运动还可使骨骼发育。

五、锻炼人的意志

体育锻炼能培养人坚强勇敢的品格，使人精力充沛、情绪愉快，提高抗病能力，丰富生活，延迟衰老，延年益寿。

六、增强肺的贮备能力

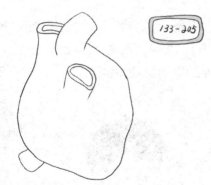

133~205

体育锻炼对肺活量有促进作用，可增强呼吸肌群的伸缩力度，使呼吸幅度加深，相应呼吸频率减少，使肺的贮备能力和适应能力增强。

七、增强反应灵敏度

体育锻炼能增强反应灵敏度，使人动作快捷协调，肌肉神经的调节完善准确，增加活动的反应速度，提高机体对平衡、定向的精确程度。体育锻炼还能提高睡眠质量，提高工作和学习的效率。

由于运动能够使肌肉发达，同时使多余脂肪燃烧减肥，也可以使瘦人丰腴起来，所以坚持体育锻炼，可使体形健美。

青少年运动保健措施

根据教育部规定，中小学生每天要有一小时的活动，包括体育课、课间操和课外锻炼。学校应合理组织，因地制宜，灵活多样，保证体育活动的时间和质量。

一、早操和课间操绝不可少

早操可使学生打消睡意，提起精神，迅速投入学习；课间操能使较长时间静坐学习的机体获得运动和调节的机会，改善大脑的功能，提高工作能力。因此每天必须安排 10 分钟的课间操或早操。

二、合理安排运动

体育教师可以按年龄、性别和健康状况组织运动队或体育小组进行不同内容、不同运动量的活动。

体弱者可进行慢跑、打乒乓球、打太极拳等活动；对一部分学生应进行"体育达标"锻炼，"体育达标"的多少，也是衡量一个学校体育锻炼好坏和学生体质强弱的重要标志。一般学校的"达标率"应在35% ~50%以上；对一部分身体素质好的学生，可由老师专门指导进行一定技能的专项运动训练，为参加

体育比赛做准备。

对于小学的学生应以小运动量为主，间隙时间多些；对于中学生，运动量要相对增大，运动技术也要有所提高。运动量的大小应根据人的年龄、性别、体质、健康状况和训练水平不同而有异。以下举例说明用心率（脉搏）来安排运动量的方法。

学会准确熟练地测定自己主动脉或颈动脉的脉搏（或称心率）的方法。也应知道自己的最大心率，即 220 – 年龄的数，为最大心率。在运动时有效心率范围，青少年是（200 – 年龄）×0.65 为心率下限；（220 – 年龄）×0.75 为心率上限。

例如年龄为 15 岁的少年，他的最大心率是 220 – 15 = 205（次）。其有效心率上限是 205×0.75 = 153（次/分）；下限是 205×0.65 = 133（次/分）。这就是他锻炼时，心率在 133～205 次/分范围内是合适的运动量，是健身的适宜心率。对于不经常运动的孩子，可先从比这小的运动量开始锻炼，逐渐过渡到这个心率范围。

青少年运动保健宜忌

一、指导锻炼的特殊问题

青少年身体机能与素质都还没有发育成熟，在锻炼时还不能像成人那样挥洒自如。因此在进行专项训练、大运动量锻炼，以及女孩在月经期间的锻炼时，我们一定要格外注意饮食的营养成分。

二、儿童少年的早期专项训练

青少年期的身心发展水平不高，所能承受的运动负荷不大，一般不宜进行专项训练。但对于个别有体育特长的青少年是可以在教师的指导下进行早期训练的。

据研究，以速度和灵敏为主的体操、游泳、技巧等项目可以从10～11岁开始练习，主要的球类项目篮球、排球、足球等可以从12～13岁开始训练，以体力、耐力为主的项目长跑、举重等则应在15～16岁以后开始训练。早期训练得法，对培养体育专业人才是有益处的。

家长和教师都应当注意，早期专项训练应当根据孩子的身心特点，首先对孩子进行全面的身体训练和专项身体素质训练，经过2～3年的准备阶段，再要求孩子出好成绩。

如果过早地要求孩子出运动成绩，势必忽视全面训练，片面追求专项动作、技术训练，加重加大运动量，频频参加比赛。这样不仅容易使孩子出现运动损伤，还有可能严重损害孩子的正常发育。即使有的孩子小时候出了好成绩，今后也可能由于身体发育差而早衰，过早地结束运动生涯。

三、少女月经期间的锻炼

男孩女孩在 10 岁前的机能和素质没有明显差异，可以从事相同的体育活动。10 岁以后，男孩女孩差异逐渐拉开。由于女孩的肌肉少、肌力弱、肺容积小、肺活量低、躯干长、下肢短、骨盆宽、重心低等生理特点日益明显，这就在一定程度上妨碍了她们运动能力的发展。因此，不能要求女孩一定要和男孩一样进行体育锻炼，当然，也不能以生理特点为由迁就个别女孩的懒惰行为。

要告诉女孩，月经不是病，月经期间，正常女孩身体的血液循环、呼吸、代谢和肌肉力量都没有重大变化，是完全可以参加一些体育活动的，如做操、打球、跑步，这些活动不仅可以舒筋活络，促进血液循环，改善全身的机能状况，还能帮助减轻月经期间的不适感和因内分泌变化引起的烦闷心情。

当然，在女孩月经初潮开始的一两年内，卵巢功能的发育还不完善，月经周期不规则，而且容易受神经——内分泌干扰的影响，机体功能下降，因此经期可以适当减少体育锻炼，尤其是那些剧烈的、强度大的、震动大的跑跳项目（长跑、跨栏跑、跳高等）和使腹内压明显增高的憋气与静力动作（推铅球、倒立等）不应参加，否则，有可能使子宫受压造成经血流失过多或子宫移位。

另外，女孩在经期应避免寒冷刺激和细菌感染，不要下水游泳，不要在寒冷的户外长时间活动，不要到环境不洁的地方锻炼。这些，家长应指导女孩努力做到。

四、大运动量锻炼时的营养

在孩子进行大运动量锻炼时，机体的消耗很大，据测算，一般每锻炼一小时消耗能量 200 ~ 400 千卡。在三大供热营养素中，糖类最容易产生热能，而且代谢消耗的氧较少，糖类在体内应占总热量的 55% 左右，脂肪应占总热量的 30% 左右，蛋白质应占总热量的 15% 左右。儿童少年体内糖的储备，肝糖元和肌糖元是很少的，在进行大运动量

锻炼的前后都应注意摄入。

大运动量锻炼时还必须增加矿物质和维生素的摄入，特别是盐、钙、铁的摄入。大运动量锻炼出汗多，将身体中的部分盐分带出体外，缺盐会造成四肢无力、食欲减退、消化不良等症。钙和铁与骨骼、肌肉关系密切，缺钙缺铁都会影响体内代谢，降低运动成绩。维生素与机体功能关系密切，维生素摄入不足会降低机能，特别是维生素 B_1、B_2 和维生素 C 直接影响着运动的成绩，家长要注意让孩子及时补充。

另外，还要注意运动时间和进膳时间的间隔。饭后不能马上进行大运动量锻炼，最好在饭后两小时再进行锻炼。饭后 4~5 小时营养消耗已到临界点，孩子感到饥饿，不能再进行大运动量锻炼了，应休息半个小时以上再进膳。

大运动量锻炼后孩子往往贪吃贪喝，家长一定要防止其暴食暴饮。具体地说，在孩子进行大运动量锻炼时，可以提前一两天给孩子添加瘦肉、动物肝脏、鱼虾、禽蛋和豆制品等富含蛋白质、糖类、矿物质和维生素的食品，以增强孩子的爆发力和耐力。

不要让孩子过多食用牛奶、豆浆、杂粮、韭菜、红薯等多渣或易产气的食物，防止孩子运动时出现不适。在孩子进行大运动量锻炼之后还要及时补充盐和水，如喝一些咸味较浓的骨头汤、鸡汤。

儿童少年在郊游时应该随身带上一些高蛋白、高热能的食品，如鸡蛋饼、豆腐干、火腿肠、卤肉，孩子的营养消耗快，当他们自己感到疲劳饥饿时就可以补充吃进东西了，当然更不能长时间的干渴，要及时补充水分。

青少年医疗保健常识

运动医疗保健是对参加体育运动者进行帮助和指导的重要措施。其内容很广泛，在这里我们只简单介绍一般家庭运动锻炼需要掌握的医疗保健事项，这套医疗保健事项对少年儿童运动锻炼也有一定的借鉴作用。

一、全面检查

在实施运动计划前，应对自己进行全面的身体检查和一般的身体素质测试（身高、体重、心功能水平、灵敏性、反应性等）。这样做的目的是为了及早发现并治疗有疾病者；了解身体状况，便于有计划地、有针对性地进行适量体育运动；身体素质测试结果可便于身体锻炼前后的比较，观察运动锻炼的效果。

二、选择合适的运动场所和服装

我国参加体育锻炼的人数日益增多，有一个安全、安静、舒适的锻炼环境为人们所祈盼。运动场所的器械和设备对提高运动效果以及预防意外事故是很重要的。

目前，人们进行体育锻炼的场所一般是家中的阳台、房间里、房屋前后的空地、公园和健身中心，每个人都应根据自己的情况作出合适的选择。

参加锻炼时，换上合适的运动服装和运动鞋是防止运动损伤的前提。运动服要选择柔软、弹性好、吸水性能好的，暂时没有运动服者穿健美裤、羊毛衫也可。运动鞋要选择轻便、有弹性、结实耐用、透气性好的。如果穿上没有弹性的鞋子在硬地或路面上跑步，容易引起下肢的不适或损伤。运动鞋的质地好坏、尺寸是否合适，可直接影响足部及下肢关节的健康，也影响人体的运动。

三、科学饮水与进餐

运动中水的补充应以运动量、出汗量、口渴程度等情况来决定。一般情况下，在运动前应饮水约 200 毫升，在运动中如出现口渴现象应补充 100 毫升温开水。连续运动中有多汗情况时每 10 分钟饮水 100 ～ 200 毫升，运动后应补足失去的水分量，并应分次适量补充，不能滥饮狂喝。水温最好在 15 度左右，避免饮用含有咖啡因、酒精等的饮料。

运动的安排应与进餐时间相适应。晨起，空腹锻炼可以引起低血糖、头晕等不良反应，因此，最好在晨练前喝一杯温牛奶，吃少许糖果。若早餐后去锻炼应在一小时以后，如果是参加运动会、比赛，则进餐与运动之间的时间相隔两个半小时以上为宜。在运动结束后，休息半小时再进餐，若运动量大，应将进餐时间再后移半小时。

四、做准备活动与整理活动

准备活动能提高机体各器官的兴奋性，使机体各器官进入运动适应状态，是运动前的"预热"过程，能提高运动效果，有效预防运动创伤的发生。

一般性准备活动有慢跑、原地徒手做操等全身性活动；专项运动的准备活动是与专项运动技术有关的活动，如篮球运动投篮、足球的传球和射门等。准备活动时间的长短要根据运动量大小、身体状况、气候、年龄等情况而定，一般为 10 分钟左右，以微汗为宜。

运动后的整理活动可以加速代谢产物的清除，加快体力恢复、消除疲劳和防止运动后意外的发生。整理活动应在运动结束后先慢跑或步行一两分钟，然后做些与运动内容有关的运动，如伸展四肢、抖动肌肉、局部按摩等放松动作，做 5～10 分钟。

五、定期作运动监测

根据运动量的大小、运动计划的安排以及对机体变化的了解，定期进行体重、心率、血压、血红蛋白、台阶试验等检查和测试，以便对锻炼效果和机体心肺功能等情况做到心中有数，并以此来适当调整或修改运动计划，有利于身体健康。

← 单元练习 →

一、填空题

1. 儿童身心发育具有（　　）、（　　）、（　　）、（　　）等特征。

2. （　　）是判断一个孩子体格发育是否正常的一项重要指标。

3. （　　）能提高机体各器官的兴奋性，使机体各器官进入运动适应状态，是运动前的"预热"过程。

二、问答题

1. 青少年生活保健常识有哪些？

2. 青少年参加体育运动有哪些作用？

3. 青少年运动保健措施有哪些？

第二单元
强身健体基本常识

头部的保健方法

现代人生活节奏越来越快，各方压力也不断增加。你是不是有时加班到很晚，特别想去做个按摩，放松一下呢？但是一来苦于再没有力气挪动脚步了；二是苦于不知道哪里有正宗的按摩地点。下面是一些简单的按摩手法。

一、开天目

用大拇指指面按于印堂穴（位于两眉中间），以前臂带动手指，自下而上，做双手交替，有节律的抹法。双手共 20 次，注意力量轻柔，以前额皮肤不变红为度。

二、推前额

用大拇指指面按于前额正中，以指根带动指尖两手分别向左右两旁做抹法，至眉梢处再推回前额中央。注意力量不宜过大。

三、点按攒竹、鱼腰及太阳

用双手拇指指端持续用力，作用于攒竹穴（位于眉毛内侧端）、鱼腰穴（位于瞳孔直上的眉毛中）、太阳穴（位于眉梢与外眼角之间向后约一横指的凹陷处）。持续数秒或半分钟。如头痛、头晕、昏迷不清可适当用力。如失眠则不宜用力，应以轻揉为主。

四、点按四白及迎香

用双手拇指指端持续用力，作用于四白穴（位于瞳孔直下，正对鼻翼处）、迎香穴（位于鼻翼旁凹陷处）。如眼痛眼涩可重按四白穴，如鼻塞流涕可重按迎香穴。持续数秒或半分钟。

五、疏通经络

用两大拇指指端沿头部经络线依次点按。自头发发际前沿正中开始至发际后沿正中为正中线；正中线旁开一横指为第二线；自额角处开始，平行于正中线至发际后沿为第三线；自太阳穴（定位见上）开始绕耳廓至发际后沿为第四线。如遇痛点可适当做局部的反复弹拨，轻重以能耐受为度。

六、梳头栉发

两手十指弯曲，从前至后做梳头的动作。重复操作 5 ~ 10 次。

七、双鸣天鼓

两掌按住双耳，两手放置在后头部，用手指轻敲耳后头部数次，两手放松，再反复上述操作 3 ~ 5 次。

八、拿捏肩井

以大拇指顶住肩井穴（位于肩背处，肩外侧端与脊柱连水平线的中点），其他四指轻扶于肩前，与大拇指相对用力，提拿起整个肩部肌肉，一拿一放地交替进行。

九、整理放松

用双手掌根自颈肩部向两侧沿肩—上臂—前臂的路线轻推数次，以空掌轻轻拍打肩部及后背肌肉，治疗结束。

头发的保健措施

头发保健，又称头发健美或美发。头发与五脏的关系十分密切，头发的荣枯能直接反映出五脏气血的盛衰。五脏的生理病理变化直接影响头发的变化，而头发的变化又能反映出人的情志、生理和病理变化。

七情过极，亦可引起头发的变化，如忧愁思虑过度常引起早白、脱发。一般而言，头发由黑变灰、变白的过程，即是机体精气由盛转衰的过程。头发的保健方法主要有如下几个方面。

一、梳理、按摩

梳头的正确做法应是：由前向后，再由后向前；由左向右，再由右向左，如此循环往复，梳头数十次或数百次，最后把头发整理，把头发梳到平整光滑为止。梳发时间，一般可在清晨、午休、晚睡前，或其他空余时间皆可。

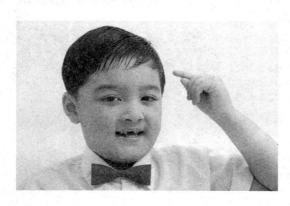

梳头时还可结合手指按摩，即双手十指自然分开，用指腹或指端从额前发际向后发际，做环状揉动，然后再由两侧向头顶揉动按摩，用力均匀一致，如此反复做36次，至头皮微热为度。梳理和按摩两项，可以分开

做，亦可合在一起做。

现代研究指出，勤梳理，常按摩有五大好处：

1. 能疏通血脉，改进头部的血液循环。

2. 能使头发得到滋养，头发光润，发根牢固，防止脱发和早生白发。

3. 能明目缓解头痛，预防感冒。

4. 有助于降低血压，预防脑血管病发生。

5. 能振奋阳气，健脑提神，解除疲劳。

二、洗、烫宜忌

现代研究认为，经常洗发可保持头部清洁，清除头皮表面代谢产物、细菌和微生物的繁殖，有利于保持头发的明亮光泽。但洗发不宜过勤，洗发过勤对于保养头发反而不利，因为皮脂每天顺着头发分泌大量脂酸，除有润发作用外，还有抑菌作用。洗头过勤会把对头发有保护作用的皮脂洗去，缩短头发的正常寿命，严重的还可招致毛发癣菌感染。

一般而言，干性头发，宜 10 ~ 15 天洗一次；油性头发，宜 5 天洗一次；中性头发，宜 7 天洗一次；年老体虚者，洗发次数可适当减少。

洗发水温不宜太凉或太热，37 ~ 38 度为佳。对于洗发剂的选择，干性和中性头发用偏于中性的香皂或洗发护发精，油性头发可用普通肥皂、际黄皂，或偏于碱性的洗发剂。婴幼儿皮肤娇嫩，老年人皮肤干燥，可用脂性香皂洗发。

烫发能保持美观的发型，但烫发所用的化学药水，对头发有一定的损伤，再加上电热处理，头发易变黄、变脆、易断，失去光泽和弹性。因此，烫发不宜过勤，以 4 ~ 6 个月一次为宜。干性头发不可勤烫，孕妇、产妇、少儿皆不宜烫发。

三、饮食健发

日常饮食宜多样化，合理搭配，保持体内酸碱平衡，对于健发、

美发，防止头发早衰有重要作用。可适量食用含蛋白质、碘钙、维生素 A、B、E 等较丰富的天然食物，如：鲜奶、鱼、蛋类、豆类、绿色蔬菜、瓜果、粗粮等。同时，可根据情况适当选用健发营养食品。

四、气功美发

气功美发，主要是通过锻炼精、气、神，调整身体内部功能。同时直接调整任督二脉的功能。

除此而外，健发还要保持精神愉快，避免七情过度刺激。积极参加运动锻炼，防治全身性疾病，改掉吸烟、酗酒、暴食暴饮等不良习惯。合理使用大脑，劳逸结合，养成良好的生活习惯。

眼睛的保健

眼睛的功能与脏腑经络的关系非常密切，它是人体精气神的综合反映。因此，眼睛保健既要重视局部，又必须重视整体与局部的关系。

一、运目保健

运目，即指眼珠运转，以锻炼其功能，可采取多种方法进行。

1. 运睛

此法有增强眼珠光泽和灵敏性的作用，能祛除内障外翳，纠正近视和远视。具体做法是：早晨醒后，先闭目，眼球从右向左，从左向右，各旋转 10 次；然后睁目坐定，用眼睛依次看左右，左上角、右上角、左下角、右下角，反复四五次；晚上睡觉前，先睁目运睛，后闭目运睛各 10 次左右。

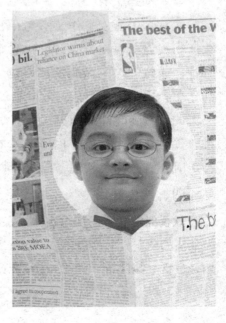

2. 远眺

用眼睛眺望远处景物，以调节眼球功能，避免眼球变形而导致视力减退。

除上述运目方法外，还可进行眨眼、虎视、瞪目、顾盼等，这些锻炼方法可使眼周围的肌肉得到更多的血液和淋巴液的营养，保护眼睛，增强视力。

二、按摩健目

按摩是古人保养眼睛的一项重要措施。现介绍如下三种方法：

1. 熨目

双手掌面摩擦至热，在睁目时，两手掌分别按在两目上，使其热气煦熨两目珠，稍冷再摩再熨，如此反复3～5遍，每天可做数次，有温通阳气，明目提神的作用。

2. 捏眦

即闭气后用手捏按两目之四角，直至微感闷气时即可换气结束，连续作3～5遍，每日可做多次。

3. 点按穴位

用食指指肚或大拇指背第一关节的曲骨，点按丝竹空、鱼腰穴，或攒竹、四白、太阳穴等，手法由轻至重，以有明显的酸胀感为准，然后再轻揉抚摩几次。

三、闭目养神

在日常生活或工作、学习中，看书、写作、看电视等时间不宜过久，当视力出现疲劳时，可排除杂念，全身自然放松，闭目静坐3～5分钟；或每天定时做几次闭目静养。此法有消除视力疲劳、调节情志的作用，也是医治目疾有效的辅助方法。

此外，随时注意眼睛的保护，不要在光线昏暗处或强光下看书读报，不可在卧床和乘车时读书。在夏季烈日下或冬季在雪地中长时间行走时，宜戴深色眼镜，以保护眼睛。

四、饮食健目

饮食保健对增强视力也是至关重要的。一般而言，多吃蔬菜、水果，尤其是胡萝卜、动物的肝脏，或适当用些鱼肝油，对视力有一定保护作用，切忌贪食辛辣食品。同时，还可配合食疗方法，以养肝明目。

耳的保健

耳为心、肾之窍，通于脑，是人体的听觉器官。耳的功能与五脏皆有关系，而与肾的关系尤为密切。同时，耳之功能受心神的主宰和调节，耳的听觉能力能够反映出心、肾、脑等脏腑的功能。

因为"耳通天气"，是人体接受外界音响刺激的重要途径，外界环境因素对耳的影响很大。随着现代科学技术和现代文明的高度发展，导致听力下降和耳聋的原因越来越多，噪音污染、环境污染和药物的副作用等都不同程度地损害了听力。

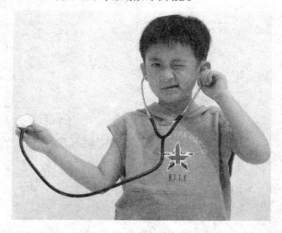

先天性耳聋、噪音性耳聋、中毒性耳聋、外伤性耳聋、感染性耳聋、老年性耳聋等都较常见，而且治疗起来也很棘手。因此，耳功能保健应以预防为主。

一、耳勿极听

所谓极听，有主动和被动之分。前者是指长时间专心致志运用听力去分辨那些微弱、断续不清的声响；后者为震耳欲聋的声响超过了耳膜的负荷能力。极听损伤人的精、气、神，从而影响耳的功能。特别是长期在噪声环境中，对听力会产生缓慢性、进行性损伤，久而久之，可导致听力下降或耳聋。

因此，在有噪音的环境中工作和学习应做好必要的保护性措施，如控制噪声源，做好个人防护等。孕妇和婴幼儿尤应注意避免噪音的影响。

二、按摩健耳

按摩保健是健耳的一个重要方法。按摩耳部功法可分如下几步：

1. 按摩耳根

用两手食指按摩两耳根前后各 15 次。

2. 按抑耳轮

以两手按抑耳轮，一上一下按摩 15 次。

3. 摇拉两耳

以两手拇、食二指摇拉两耳廓各 15 次，但拉时不要太用力。

4. 弹击两耳

以两手中指弹击两耳 15 次。

5. 鸣天鼓

以两手掌捂住两耳孔，五指置于脑后，用两手中间的三指轻轻叩击后脑部 24 次，然后两手掌连续开合 10 次。此法使耳道鼓气，以使耳膜震动，称之为"鸣天鼓"。

耳部按摩可增强耳部气血流通，润泽外耳肤色，抗耳膜老化，预防冻耳，防治耳病。

三、防止药物过敏

据临床报道，因使用药物不当而引起的耳聋占有相当的比例，特别是耳毒性抗生素，如链霉素、庆大霉素、新霉素、卡那霉素、托布霉素、万古霉素、多粘霉素等。此外，还有氯霉素、奎宁、氯奎，以及治疗肿瘤的化疗药物，如氮芥、长春碱类等，都有一定的耳毒作用。因此，临床使用应严格控制，避免引起听觉损伤而造成耳聋。

此外，纠正不良习惯。不要用火柴杆之类挖耳止痒，防止刺伤耳道引起感染。注意节制房事，适当服食补肾之品，对防治中老年耳鸣耳聋亦有好处。

鼻的保健

鼻是呼吸道的门户。从生理结构上讲，外与自然界相通，内与很多重要器官相连接。鼻腔上部与颅脑相近，在下鼻道内有鼻泪管与眼睛相通，后鼻孔的鼻咽部与咽喉相接，气管与食管在此分道，中耳与两边耳咽管相连。

因此，鼻的很多疾病常影响相邻器官的健康。从鼻的作用来看，鼻是呼吸道的出入口，既是人体进行新陈代谢的重要器官之一，又是防止致病微生物、灰尘、脏物等侵入的第一道防线。鼻腔内有鼻毛，又有黏液，故鼻内常有很多细菌、脏物，有时会成为播散细菌的疫源。因此，鼻的保健十分重要，应从多方面着手。

一、"浴鼻"锻炼

鼻与外界直接相通，增强鼻对外界的适应力，才能提高其防御功能。所谓"浴鼻"锻炼就是用冷水浴鼻和冷空气浴鼻。若一年四季坚持不懈锻炼，可有效地改善鼻黏膜的血液循环，增强鼻对天气变化的适应能力，能很好地预防感冒和呼吸道其他疾患。

二、按摩鼻部

鼻的保健按摩分擦鼻、刮鼻、

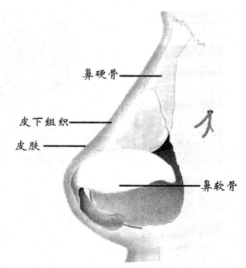

鼻硬骨

皮下组织

皮肤

鼻软骨

摩鼻尖三个动作。用两手大拇指的指背中间一节，相互撩热后，摩擦鼻梁两侧 24 次；用手指刮鼻梁，从上向下 10 次；分别用两手手指摩擦鼻尖各 12 次。本法可增强局部气血流通，使鼻部皮肤津润光泽、润肺、预防感冒。

三、气功健鼻

健鼻功出自《内功图说》，分三步进行锻炼。两手拇指擦热，揩擦鼻头 36 次，然后静心意守，排除杂念。二目注视鼻端，默数呼吸次数 3～5 分钟；晚上睡觉前，俯卧于床上，暂去枕头，两膝部弯曲使两足心向上，用鼻深吸清气 4 次，呼气 4 次，最后恢复正常呼吸。本法可润肺健鼻，预防感冒和鼻病，还有健身强体的作用。

口腔的保健

　　口腔与胃、肺等脏器相通，是维持生命的重要器官。口腔和牙齿的任务是食物加工的第一道工序，通过牙齿咀嚼和口腔分泌适量的唾液，帮助食物消化吸收。

　　口腔是人体的"开放门户"之一，不但通过口腔摄取营养物质，而且各种各样的细菌、病毒、寄生虫卵也可通过口腔进入人体。做好口腔卫生保健，不仅可以预防口腔和牙齿的疾病，而且可以有效地防治多种全身性疾病。

　　口腔病灶不能及时正确治疗，就会影响机体免疫功能，可引起很多疾病，如急性和亚急性心内膜炎、肾炎、风湿热、关节炎、白血病、恶性肿瘤及呼吸道疾病等，所以口腔保健是预防全身疾病的一项重要措施。

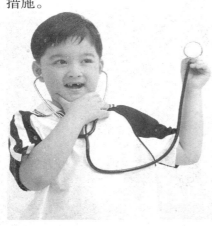

一、固齿保健法

　　牙齿保健应自幼开始，从小养成良好的口腔卫生习惯，对健康长寿将是十分有益的，而且，保持良好的卫生习惯，重视固齿保健术，是养生保健的一项重要任务。下面介绍一些具体保健措施。

　　1. 口宜勤漱

　　漱口能除口中的浊气和食物残

渣，清洁口齿。一日三餐之后，或平时食甜食后皆需漱口。漱口的方法很多，如水漱、茶漱、津漱、盐水漱、食醋漱、中药泡水漱等，可根据自己的情况，选择使用。

2. 早晚刷牙

刷牙的作用是清洁口腔，按摩齿龈，促进血液循环，增进抗病能力。每日早晚各刷一次，晚上睡前刷牙比早晨刷牙更为重要。另外，要特别注意使用正确的刷牙方法，即顺牙缝方向竖刷，先里后外，力量适度。横刷和用力过大，不易清洁牙间污物，又可能损伤牙周组织，导致牙龈萎缩。

3. 齿宜常叩

自古以来，很多长寿者，都重视和受益于叩齿保健，尤其清晨叩齿意义更大。叩齿的具体方论是：排除杂念、思想放松，口唇轻闭，先叩臼齿 50 下，次叩门牙 50 下，再错牙叩大齿部位 50 下。每日早晚各作一次，亦可增加叩齿次数。

4. 搓唇按摩

将口唇闭合，用右手四指并拢，轻轻在口唇外沿顺时针方向和逆时针方向揉搓，直至局部微热发红为止。其作用是促进口腔和牙龈的血液循环，健齿固齿，防治牙齿疾病，且有颜面美容保健作用。

5. 正确咀嚼

咀嚼食物应双侧，或两侧交替使用牙齿，不宜只习惯于单侧牙齿咀嚼。

6. 饮食保健

口腔、牙齿患病与营养不平衡有一定关系，因此营养要合理。维生素 A、B、C、D 族，钙、磷、蛋白质等，是牙齿发育不可缺少的营养成分。应适当食用一些含维生素 C 丰富的新鲜蔬菜、水果及含维生素 A、C、D 丰复的食品，如动物的肝、肾、蛋黄及牛奶等。妊娠期、哺乳期的妇女，及婴幼儿童尤应注意适当补充这类食品，保证牙釉质的发育。

7．纠正恶习

不良习惯也是导致牙病的一个原因。饭后不宜用牙签或火柴杆等物剔牙，这种方法极易损伤齿龈组织，继而造成感染、溃烂等。

8．防药物损齿

牙齿有病应及时治疗，但应避免一些不利于牙齿的药物，尤其在妊娠期、哺乳期的妇女和婴幼儿童不宜服用四环素类药物，如四环素、土霉素、金霉素、强力霉素等。否则，易造成永久性黄牙，或引起牙釉质发育不全，易发生龋齿。

二、唾液保健法

唾液俗称口水，为津液所化。中医认为，它是一种与生命密切相关的天然补品，漱津咽唾，古称"胎食"是古代非常倡导的一种强身方法。

1．唾液的保健作用

唾液的作用是多方面的。

（1）帮助消化

食物进入口腔后，首先与唾液混合，形成食糜。唾液中的淀粉酶使食物中的淀粉分解为麦芽糖，进而分解为葡萄糖，使食物得到初步消化。

（2）保护消化道

唾液清洁口腔、保护牙齿，还有中和胃酸、修补胃黏膜等作用。

（3）解毒作用

唾液与食物充分混合，通过口腔里的化学变化能使致癌物质毒性失灵，被誉为"天然的防癌剂"，故有"细嚼慢咽，益寿延年"之谚。也就是说，一日三餐的细嚼慢咽是养生保健的重要一环。

（4）延缓衰老作用

吞津咽唾的确能使人健康长寿，此外，唾液还有防病治病、促使

颜面的美容措施

颜面保健，又可称美容保健，古人谓之"驻颜"。面容美是指面色红润，洁白细腻，无明显皱纹和雀斑、皮肤病等。颜面保健实质上是抗衰老，永葆"青春容颜"，使人洋溢着健美的活力与魅力。

一、颜面的生理特点

面部是脏腑气血上注之处，血液循环比较丰富。心主血脉，其华在面。《素问·痿论》说："十二经脉，三百六十五络，其血气皆上于面而走空窍"。中医还将面部不同部位分属五脏。即左颊属肝，右颊属肺，头额属心，下颏属肾，鼻属脾。

可见，面部与脏腑经络的关系非常密切，尤以心与颜面最为攸关。同样，面部的变化可反映出心脏经络的气血盛衰和病变。颜面部位暴露在人体上部，六淫之邪侵犯人体，颜面首当其冲，其中危害最甚的是风邪。七情过极，超过人体正常生理范围，导致人体气机紊乱，脏腑阴阳气血失调，郁阻于面部经络，影响面容。

颜面是反映机体健康状况的一个窗口，故凡养生者，皆重视颜面保健，健康的面容是以精神和生理健康为前提的。保健手段的使用上，注重整体采取综合调养，着眼于脏腑、气血，充分调动人体自身的积极因素，从根本上保证面容不衰，此即传统的整体美容保健思想。

二、颜面皮肤衰老的原因

面部皱纹的出现是人体衰老的一个综合标志，其原因是多方面的。随着年龄的增长，皮肤逐渐变粗、变干燥、弹性减小、皱纹增多，这是机体生理老化过程中出现的现象。但由于保健情况不同，颜面皱纹出现的早晚和程度也是各有差异的。

人体的各种疾病，特别是多种慢性疾病，长期耗损气血、精力，导致身体虚弱，面部皱纹出现的较早。饮食失调，肌肉失养，可加速皮肤的老化速度。外界六淫侵袭，防护不周，皮肤易变得粗硬老化，尤其是阳光暴晒，还易使皮肤老化。另外，不良习惯和不良动作也是促使皮肤早衰的一个原因。

三、颜面保健方法

1. 科学洗面

面部是五脏精气外荣之处，经常洗面能疏通气血，有促进五脏精气外荣的作用。但洗面用水的水质、水温、次数都应符合人体生理特点。

洗面宜用软水，软水含矿物质较少，对皮肤有软化作用。对于水温，可根据需要而定，若习惯于冷水洗面，可结合冷水浸面，则可保持颜面青春，或用冷温交替洗面，能加强皮肤血液循环，使皮肤细腻净嫩。

洗面次数，一般应早、午、晚各一次。这样既可发挥乳化膜生理作用，又可及时去除陈旧的皮脂等污垢物，保持颜面润泽与光洁。因工作环境需要，适宜时增加次数。洗面所用面皂，要根据不同气候和各人不同的年龄、职业、皮肤特点等，有针对性地选择面皂。

2. 按摩针灸

（1）按摩美容

四、观天

取直立体仰，缓缓仰头，达最大限度后，头部向左、右两侧转动各 5～10 次，然后恢复原来姿势。可反复进行多次训练。对于长时间低头、伏案的人来说，此法最为适宜。

五、争力

两手十指交叉，手掌置于颈项之后，将颈部用力向前推，颈项则与手用力的方向相反，用力向后挺直。与此同肘，左、右摇头 3～5 次，然后放松，稍停片刻，再重复做，可做 5 次左右。注意两手是置于颈后部，不要放在脑后枕部，用力向前拉颈项时，两臂宜适当分开，以利于颈部左右转动。

上肢和手的保健

人类在劳动、学习、生活和娱乐中，几乎样样事情都离不开上肢和手的功能。在人的感觉器官中，双手与外界直接接触的机会最多，被污染的机会也最多；手又是手三阴经脉与手三阳经脉交接之处。因此，做好上肢和手的健康保护和卫生保健，对于防病健体是非常有意义的。

一、上肢以动为养

上肢经常运动，就是最好的保健方法。运动的方法比较多，如摇肩转背、左右开弓、托肘摸背、提手摸头等。平常我们所进行的运动保健，大多都须有上肢的运动才能完成。

这里介绍一种甩动法：双手轻轻握拳，由前而后，甩动上肢，先向左侧甩动，再向右侧甩动，然后两肢垂于身体两侧甩动。各24 次。本法有舒展筋骨关节、流通经络气血、强健上肢的作用，可预防肩、肘、腕关节疾病，还可调节气血，防治高血压。

二、按摩保健

手部按摩和上臂按摩结合在一起做。具体做法：双手合掌互相摩擦至热，一手五指掌面放在另一手五指背面，从指端至手腕来往摩擦，以局部有热感为度，双手交替。然

背部保健的方法

背部的运动、按摩保健可提高人体的免疫力，调节血压，增强心肌活动的能力，促进消化机能等，有助于防病治病。

一、背部宜常暖

背部保暖方法有三：衣服护背。平时穿衣服注意保暖，随时加减，以护其背；晒背取暖。避风晒背，能暖背通阳，增进健康。因为背为五脏俞穴所会，尤其是天热汗出腠开时，若被风吹，则风寒之邪易于内侵，引起疾病。夏日汗出后不可背向电扇，以免风寒之邪伤人。

二、背宜常捶摩

捶摩背部可采取捶、搓、捏等保健方法。

1. 捶背

捶背又分自我捶打和他人捶打。本法可以舒经活血，振奋阳气，强心益肾，增强人体生命活力。

2. 搓背

搓背也分自我搓和他人搓。自搓方法，可在洗浴时进行。以湿毛巾搭于背后，双手扯紧毛巾两端，用力搓背，直至背部发热为止。他人搓法：取俯卧位，裸背。请他人以手掌沿脊柱上下按搓，至发热为止。注意用力不宜过猛，以免搓伤皮肤。搓背法有防治感冒、腰背酸痛、胸闷、腹胀之功效。

3. 捏脊

取俯卧位，裸背。请他人用双手（拇指与食指合作）将脊柱中间的皮肤捏拿起来，自大椎开始，自上而下，连续捻动，直至骶部。可连续捏拿 3 次。可调和脏腑、疏通气血、健脾和胃，对调整血压也有一定作用。注意用力不宜过大、过猛，速度不宜太快，动作要协调。

苯丙胺等兴奋药物也必须慎用。

四、适量减肥

体重过重也会加重心脏负担。控制体重和减肥的方法多种多样，可因人而异地选择，如运动锻炼、饮食减肥等。

五、卧具适当

一般而言，床头比床尾适当高一些，枕头高低适度，对心脏血液回流有好处。心脏功能较弱者，休息时可采取半卧式，这样可减轻心脏的负担。

六、运动锻炼

经常参加运动锻炼，可以增强冠状动脉的血流量，对心脏大有益处。经常参加运动和体力劳动的人，心肌功能要比不活动的人强壮得多。一般认为，太极拳、导引、气功、散步、中慢速度的跑步、体操、骑自行车、爬山、游泳等，都适用于心脏的保健锻炼。此外，结合运动锻炼还可以做按摩保健。

七、情志平和

若七情过极，则可使心神受伤。情绪变化分属五脏，但总统于心，故应保持七情平和，情绪乐观，避免过度的喜怒、忧愁等不良情绪，尤其是大喜、暴怒直接影响心之神明，进而影响其他脏腑功能。

对于生活中的重大变故，宜保持冷静的头脑，既不可漫不经心，又不必操之过急，以保证稳定的心理状态。

八、环境适宜

良好的生活环境和工作环境对人的心理健康是十分重要的。生活在社会之中，首先要有良好的自我意识，承担与自己脑力或体力相适应的工作和学习。正确认识自己，正确对待别人和正确对待客观环境。要热爱生活，同社会环境保持密切联系，建立融洽的人际关系，使人们的精神生活得到互相纠正，互相补充，保持稳定的情绪。

肝脏保健的措施

一、饮食保健

肝的疏泄功能是促进脾胃运化功能的一个极其重要的环节，肝脏本身必需的蛋白质和糖类等，要从饮食中获得。因此，宜食些易消化的高蛋白食物，如鱼类、蛋类、乳类、动物肝脏、豆制品等，还应适当摄入些糖。

肝脏对维生素 K、A、C 的需求量较大，故应多食些富有维生素的食物，如新鲜蔬菜和水果之类，同时，还宜适当食用含纤维的食物，高纤维食物有助于保持大便通畅，有利于胆汁的分泌和排泄，这是保护肝脏疏泄功能的一项重要措施。肝脏需要丰富的营养，但不宜给予太多的脂肪，否则，有引起"脂肪肝"的可能性。

二、切忌嗜酒

过量饮酒可以引起食欲减退，造成蛋白质及 B 族维生素缺乏，发生酒精中毒，还可以导致脂肪肝、肝硬化、急性中毒，甚至可引起死亡。因此日常生活中切忌过量饮酒，以免损伤肝脏。

三、戒怒防郁

人的情志调畅与肝的疏泄功能密切相关。反复持久或过激的情绪，都会直接影响肝的疏泄功能。肝喜调达，在志为怒。抑郁、暴怒最易伤肝，导致肝气郁结或肝火旺盛的病理变化。因此，要重视培养控制过极情绪和疏导不良情绪的能力，保持情绪畅达平和。

室内温、湿度要适宜，通风良好，但不宜直接吹风；胸宜常护，背宜常暖，暖则肺气不伤。

五、耐寒锻炼

耐寒锻炼的目的在于增强机体免疫功能、预防感冒。具体方法可采用冷水浴面、空气浴和鼻子的保健。长期锻炼，获益匪浅。

六、疾病防治

积极预防感冒是有效方法之一，患有发作性呼吸系统疾病者，如慢性支气管炎、哮喘等，在气温变化时，大的节气交接前，更应做好预防保健和治疗措施，以免诱发旧疾或加重病情。

肾脏保健

一、饮食保健

肾脏本身需要较大量的蛋白质和糖类，饮食宜选择高蛋白、高维生素、低脂肪、低胆固醇、低盐的食物。高脂肪和高胆固醇饮食易产生肾动脉硬化，使肾脏萎缩变性，高盐饮食影响体液代谢。常选用的食品，如瘦肉、鱼类、豆制品、蘑菇、水果、

蔬菜、西瓜、绿豆、赤小豆等。另外，适当配用一些碱性食物，可以缓和代谢性酸性产物的刺激，有益肾脏保健。

二、节欲保精

精为人身三宝之一，保精是强身的重要环节。在未婚之前要防止"手淫"，既婚则需节欲，绝不可放纵性欲。因此，节欲保精，是强肾的重要方法之一。

三、药物保健

体质虚弱者，可根据具体情况，辅以药物保健。肾阳虚者，可选用金匮肾气丸、右归丸等，单味药如鹿茸、海马、紫河车、巴戟天、

脾胃保健的方法

一、要保持良好情绪

不良情绪对胃肠功能有明显的影响，可引发食欲下降、腹部胀满、嗳气、消化不良的症状出现，而良好的情绪有益于胃肠系统的正常活动。

二、饮食调摄是保养脾胃的关键

在日常生活中要做到进食有时、饮食有节、食物寒温适中和多样化等。一般以每日三餐为宜，每餐以吃七八成饱为原则，切忌暴饮暴食，特别是晚餐不宜吃得过多，也不宜吃得太晚。以免食物滞留肠胃，增加消化系统的负担，造成恶性循环，使肠胃功能更加紊乱。

三、坚持参加适当的体育活动

如慢跑、散步、打太极拳、做柔软体操和气功等。适当的体育锻炼能增加人体的胃肠功能，使胃肠蠕动加强，消化液分泌增加，促进食物的消化和营养成分的吸收，并能改善胃肠道本身的血液循环，促进其新陈代谢，推迟消化系统的老化。

晚间睡觉之前，躺在床上用两手按摩上下腹部，来回往复 40～50 遍，可以助脾运，去积滞，通秽气，对脾胃有良好的保健作用，与运动健脾有异曲同工之效。

下肢和脚的保健方法

腿脚是全身的支柱，担负全身的行动的重担。中医学认为双脚是运行气血、联络脏腑、沟通内外、贯穿上下的十二经络的重要起止部位。足三阴经和足三阳经相交接在脚上。因此，腿脚保健关系到整体，对人的健康长寿至关重要。

一、下肢宜勤动

步态稳健，行走如飞，被视为健康的标志，步履蹒跚，行动迟缓，则是衰老的表现，下肢运动的方法比较多，如跑步跳跃、长途跋涉、爬山、散步等均可采用。这里介绍几种原地锻炼方法：

1. 站立甩腿法

一手扶墙或扶树，一脚站立，一脚甩动。先向前甩动右腿，脚尖向上翘起，然后向后甩，脚面绷直，腿亦伸直，如此前后甩动，左右腿各甩动20次。

2. 平坐蹬腿法

平坐，上身保持正直，先提起左脚向前上方缓伸，脚尖向上，当要伸直时，脚跟稍用力向前下方蹬出，再换右脚做，双腿各做20次。

3. 扭膝运动法

单元练习

一、填空题

1．眼部的保健有（　　）、（　　）、（　　）、（　　）。

2．鼻腔上部与（　　）相近，在下鼻道内有鼻泪管与（　　）相通，后鼻孔的鼻咽部与（　　）相接，气管与食管在此分道，中耳与两边（　　）相连。

3．颈部的保健方法（　　）、（　　）、（　　）、（　　）、（　　）。

4．在人的感觉器官中，（　　）与外界直接接触的机会最多，被污染的机会也最多；（　　）又是手三阴经脉与手三阳经脉交接之处。

二、问答题

1．头部按摩法有哪些？

2．唾液的保健作用有哪些？

3．颜面的保健方法有哪些？

4．心脏的保健方法有哪些？

第三单元
心理健康基本常识

具有逆反心理的青少年对学校、领导、教师的正面宣传，表示不认同、不信任的态度。他们常常用一些不公正的事实来以偏概全地否定正面宣传。用一些片面的思想来夸大社会主义制度的某些不完善的制度，有时还故意进行反面宣传，这都是逆反心理的表现。

4. 对一些不良行为产生同情

有些青少年把打架斗殴看成是有胆识；与老师和领导公开作对是有本事；对于拉帮结派表示认可。而对于那些助人为乐、爱护集体和公物、遵守校规校纪的青少年进行讽刺、挖苦，使整个集体产生好人好事没人夸，坏事大力支持的局面。

某班同学在上课时看小说被老师发现，老师将其小说收缴，该学生便一不做二不休，在课堂上睡觉。老师也拿他没办法。

二、逆反心理产生的原因

逆反心理并非一种异常现象。它是与青少年时期特殊的生理和心理发展紧密相连的。青少年产生逆反心理的原因主要概括为以下几方面：

1. 思维方式的转变

青少年时期是大脑的发育逐渐趋于成熟的时机，他们的脑机能越发达其思维判断和分析能力就越强，思维活动范围就会越来越广泛。特别是思维方式、思维视角都已经超出了童年时期简单和单一化的正向思维，进而使他们逆向思维、多向思维或发散思维等都得到了全面发展。尤其是正在接受文化教育过程中的青少年，他们在掌握基本知识的同时也学到或产生了逆向思维的模式。

2. 不切实际的愿望

随着现在社会的全方面发展，大多数父母都期盼"望子成龙，望女成凤"。但部分家长从来不考虑青少年的兴趣和爱好，根据自己的意愿强迫青少年学些不感兴趣的课外培训班。这种拔苗助长的教育方式往往会适得其反，使青少年产生强烈的反抗情绪。

3．父母的管教过于严厉

有的家长信奉传统的教育方式，抱着"不打不成才"的观念，来挖苦、讽刺甚至打骂孩子，家长们本以为这种教育方法会激励孩子们的成长进步，但结果却往往不尽如人意。原因在于父母这种不正当的教育严重地伤害到了青少年的自尊心和自信心，因此，使青少年为维护自己的尊严而产生反抗的心理。

三、调适逆反心理的方法

那么青少年自己应如何调适这种不良的心态呢？

1．提高自身的文化素质

只要青少年博学识广，在直觉上就能感受到逆反心理的荒唐之处，从而能不断地完善自我，广闻博见，避免自以为是的固执和偏激，远离逆反心理。

2．正确认识自我

青少年在接受教育的过程中，可以从正面的思想重新认识自我，经常反思自己，并通过实际行动来努力完善自我。

3．要学会宽容

俗话说：退一步，海阔天空。青少年要不断地提高自身的道德修养，按照思想政治的行为规范来严格要求自己，并取长补短，改正缺点。在日常生活中，宽容对待身边的每一个人，即使对方错了，也要心平气和地把对方的错误指出来，这样就会赢得别人的宽容相待，进而彼此的关系更稳定长久。

4．正确认识社会

随着社会的多样化，青少年会被社会上的经济制度的变革所影响，在缺乏经验没有正确的道德意识中，他们会分不清善与恶、美与丑、是与非等。使他们产生消极的心理。所以，青少年克服逆反心理不能只局限在学校这个小天地里，而是要置身于社会中，把对自己的思想情操和道德修养与社会的道德风尚相结合，以便提高青少年自己将来

青少年冲动心理的克服

在生理学上，冲动是指神经受到刺激后产生的兴奋反应。冲动是最无力的情绪，也是最具破坏性的情绪，也就是说是理性弱于情绪的心理现象。冲动是来源于自我保护的一种心理补偿。

一般青少年的情绪特征是以冲动和爆发为主的，这就叫做边界性格紊乱的心理疾病。青少年常常会遇到很多不称心的事情。例如：学习时受到外界干扰，珍爱的物品被别人损坏或自尊心受到伤害等，这些都容易使其发火。有些青少年与人相处时往往因为一言不合就火冒三丈。在情绪冲动时做出使自己后悔不已的事情来。所以，经常发火对人对己都是不利的。因此，青少年们应该采取一些积极有效的措施来控制自己冲动的情绪。

一、冲动心理，酿成大错

有关专家说："冲动的行为对于青少年来说总是有特殊的意义。"青少年时期迈向成熟的过渡时期，青少年的情绪和感情都极不稳定。因为青少年不善于控制情绪，因此而深受其害。比如，有时因不值得一提的小事而极度悲伤或大发脾气，有时因为成绩不理想而沮丧。

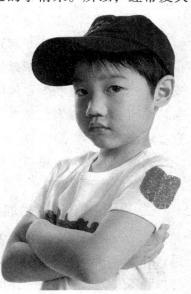

还有的青少年们常常被悲观、忧郁、孤独、紧张等不良情绪所困扰，导致对学习缺乏主动性和自觉性；甚至有的青少年因为成绩不好或学习压力重，就跳楼自杀。由此可见，自身的情绪控制非常重要。

实践证明，调节自己的情绪最好的办法是先把认为恼火的事搁在一边。等冷静下来后，再去处理它们。其实，一个人的情商高低，是体现在自身情绪控制的成败上。有时，发脾气也是可以谅解，在适当的场合发泄一下激动的情绪，可以缓解精神压力。因此，控制情绪不只是简单的抑制，而是在自我教育、自我评价和自我调节中进行的。

珠海市某中学高二学生小可，今年 16 岁，他在家中是独生子，长这么大以来他一直是家长眼中的乖孩子。最近，小可突然发现自己变得脾气暴躁起来，有时因冲动还与其他同学吵架，事后仔细想想都是鸡毛蒜皮的小事，根本就不必要小题大做。

在家里他也经常与父母怄气，有时父母批评他几句，他就暴跳如雷、大动肝火，把父母气得直跺脚，但是也无可奈何。小可为自己的脾气感到很苦恼，他知道自己不对，可是事情一旦发生了，他又控制不住自己的情绪，过后又十分后悔。

有一天，同桌借了小可的一支钢笔，但是因不小心把笔弄坏了，小可很生气，虽然同桌诚恳地向他道歉了，但是小可还是当众把同桌骂了一顿，这一举动严重影响了他们之间的友谊，而且，小可的形象在其他同学眼中也大打折扣。小可为此事内疚了好久，他真的搞不懂自己现在怎么那么的冲动。

上面案例中的小可就是因为情绪冲动，一而再再而三地犯错，最终追悔莫及。

二、控制冲动，做情感的主人

每个人在一生中都会产生情感冲动，如遇到成功时感到欣喜若狂，遇到打击时过于颓废和哀伤，对待不满时的暴躁和愤怒，对待失败时的焦躁不安，这些都是一些情感冲动心理。当然也有些冲动是有益的，如对敌的勇敢等。但大多数情况下对人是不利的，它是一个人修养薄弱、情感脆弱的表现。冲动是人类进行心理改造的最基本对象。

那么，爱冲动的青少年应采取哪些积极有效的方法来控制自己冲动的情绪呢？

1. 理智地控制自己的情绪

用理智和意志来控制情绪，表面上是对自己自由的约束，其实，这种约束却能使你获得更多的自由。你们在遇到强烈的情绪刺激时，要强迫自己冷静下来，并快速分析事情的前因后果，然后，采取消除冲动情绪的"缓兵之计"，用理智战胜情绪上的困扰，正确评价自己，这不仅看到了自己的优势，也看到了自己的不足；进而使自己远离冲动、鲁莽的局面。因此，在某种意义上，如果能够理智地控制自己的情绪，也意味着主宰了自己的命运。

2. 用暗示、转移注意法

如果遇到了使自己生气的事，一般都触动了自己的自尊和利益，此时是很难冷静下来的，所以，如果你发现自己的情绪非常激动、难以控制时，可以采取暗示或转移注意力的方法来做自我放松，并鼓励自己克制冲动的情绪。坚信冲动并不能解决问题，要锻炼自制力，学会用转移注意力或暗示的方法来处理问题。

3. 培养沟通的能力

在不生气的时候，去和那些经常受你气的人谈谈心。听听彼此间最容易使对方发怒的事情，然后，想一个好的沟通方式，注意控制自己的情绪不让自己生气。可以出去散散步来缓和自己的情绪，这样保持一个平衡的心态你就不会继续用毫无意义的怒气来虐待自己了。

4. 让自己冷静下来

在遇到冲突和不顺心的事时，最好不要去逃避问题，要学会掌握一些处理矛盾的方法。你可以考虑一下事情的前因后果，弄明白发生冲突的原因，双方分歧的关键在哪；然后，进行冷静的分析并找出一

个切实可行的方法。

例如：当你被别人无聊地讽刺或嘲笑时，如果你顿显暴怒，反唇相讥，就会引起双方的强烈争执，最终可能会出现追悔莫及的后果。此时，如果你冷静下来，采取一些有效的对策，如用沉默来抵挡抗议或者指责对方无聊，这样就会有效地抵御或避免冲动的情绪发生。

5．多参加户外运动

心理学家研究表明，运动是有效解决愤怒的方法，特别是户外活动。青少年时期正是年轻力壮的时候，要主动参加一些消耗体力的户外运动，例如：登山、游泳、跑步或拳击等，使那些不良的情绪得以宣泄。如果你觉得自己的情绪无法控制时，可以主动做一些户外运动，让冲动的情绪随着运动一起消失。

人应该是理智的奴隶、情感的主人。一个人如果简单地为情感所左右，就等于否认了自身应具有的理智价值。我们对待冲动，一方面要节制自己的欲望，要创造条件满足自己的合理需求；一方面要加强自我修养，自觉地接受社会约束。

青少年抑郁心理的调适

　　抑郁是主体的需要未能满足又觉得无力改变现状、无力应付外界压力而产生的一种消极情绪，常伴有厌恶、痛苦、羞愧、自卑等情绪体验。对大多数人来说，抑郁只是偶尔出现，为时短暂，时过境迁，很快会消失。但也有少数人长期处于抑郁状态，甚至导致抑郁症。性格内向孤僻、多疑多虑、不爱交际、生活中遭遇意外的挫折、长期努力得不到报偿的人更容易陷入抑郁状态。

　　抑郁是长时间的心情低落状态，多半是因为焦虑、身体不舒服和睡眠不足等障碍造成的，这种现象具有较强的隐蔽性。这是最常见，同样也是最不容易识别的心理障碍。它的主要表现是绝望、悲观、烦躁、不良的饮食习惯、失眠、兴趣减少或注意力分散等。

一、抑郁心理——青少年的心理障碍

　　抑郁是一种不愉快的心境体验。青少年朋友们抑郁障碍主要是以

抑郁情绪为核心，伴有相应的思维改变。主要是因为在学校因为发生某些矛盾而感到环境压抑，常常因此而心烦意乱、郁郁寡欢，有时逃学，甚至要求调换学校等，对自己喜欢的事情失去兴趣，情绪低落，思维活动迟缓、行为和动作迟缓，上课不专心听

讲，常常因疲劳而失眠、头晕胸闷不愿与父母或其他人交流，情况严重者有时还会有自杀的意识和行为。例如：上课时注意力不集中、思想矛盾或缓慢、行为反应迟钝或激烈、缺乏自信等。

抑郁心境是指在长时间内所体验到的占优势地位的一种抑郁情绪或抑郁心情。然而，这种隐形的抑郁是反复或持续地出现身体不适和神经失调等症状，时常出现头痛、头晕、腹痛、胸闷、无欲望等抑郁症状，抑郁症是一种较持久的忧伤情绪体验，它往往被躯体症状所掩盖。

小申有点内向，总觉得自己什么都不行，事情做不好，是别人的麻烦，觉得自己很笨，书读得不好，觉得自己对不起父母，喜欢的人不能对其表达，经常因为一句话一点小事就想到很多不开心的事，没有信心，自卑感太严重，觉得别人不关心他，甚至有了自杀的想法，并且已经下决心如果在一个已定时间内没做到自己想要达到的目标就死。

据调查研究显示：青少年们的患病率直线上升。其中有 1/5 的青少年朋友都有情绪障碍，大多都是以抑郁为主。有关资料明确显示，青少年时期的抑郁患病率是 0.4% ~ 8.3%，而且，男女生之间的比例为1：2。其发病率的原因是由遗传因素、青春期的生理变化、认知能力及社会文化因素有关。

二、抑郁心理的主要表现

1. 不断地更换环境

青少年可能在学校里遇到过一些矛盾，使有抑郁心理的青少年感到所在环境有沉重的压力，经常心烦意乱使你们不能安心学习，迫切希望让家长为你们调换班级和学校。

当到了一个新的学习环境时，其心态还是与以前一样没有好转，还认为新环境里的一切都不尽人如意，因此，就反复地要求更换环境。

2. 长期的情绪忧郁或低落

有些青少年朋友们遭受挫折或失败时，不能从困难中崛起而长时间的使情绪抑郁或低落持续在二周以上，这些不良反应都是青少年时期抑郁心境的重要表现。

3. 前途渺茫

青少年面对一帆风顺达到的目标和理想，而没有欢快的心情，反而感到忧伤和痛苦。例如：青少年为考上名牌大学而愁眉苦脸等。

4. 缺乏精力

青少年因为缺乏精力，而导致自己的认知能力或感知能力减退，使自己在学习、生活及社交中的效率明显下降。

5. 不正常的心理暗示

如有些青少年们一到学校或教室就会感觉头晕、恶心、四肢无力等，只要离开这个特定的环境，一切就会正常。这种表现都是潜意识的不良心理。

6. 不能表达内心的情感

青少年在高兴、欢乐、悲哀、愤怒及恐惧认识上，不能正常地向别人表达心中的愉快和不满，尤其是不能用表情表达出来。这种行为就是情感或情绪的表达障碍。

7. 反抗父母

青少年因为父母的管教过严，处处与父母闹对立。例如：不整理自己的房间，衣物乱扔，不按时完成作业等。较严重的有夜不归宿、离家出走等。

三、克服抑郁，磨炼自我

情绪抑郁的主要表现是：情绪低落，思维迟缓，郁郁寡欢，闷闷不乐，兴趣丧失，缺乏活力，反应迟钝，干什么都打不起精神，不愿参加社交，故意回避熟人，对生活缺乏信心，体验不到生活的快乐，并伴有食欲减退、失眠等。可见，抑郁心理严重地影响了青少年的健康成长。那么，有抑郁心理的青少年应如何克服呢？

1. 学会正确地发泄

有抑郁心理的青少年可以把心中不愉快的事向父母或知心朋友诉说，不要把它存放在心里，这对你的身心健康是极不利的；如果青少年的内心非常的难受而身边又没有诉说对象时，可以把自己关在房间里大哭一场或记日记等。这些都有助于青少年消除抑郁心理。

2. 多结交朋友

经常和朋友保持联系的人的精神状态远比喜欢孤僻的人好得多，因为一个人如果生活在集体中，就会感到集体的力量，这样不仅可以增强自信心，还能减轻情绪上的抑郁。

3. 保持友善的心态、学会自我安慰

拥有一个快乐的心态能使人的神经系统的兴奋水平到达最佳状态。所以，有抑郁心理的青少年在遇到不愉快的事，要多往好的方面想想，用一个乐观的心态去面对一切，保持豁达、乐观的情怀。不要好高骛远，勇敢地面对现实。

4. 积极参加运动

体育活动能够使生活丰富多彩，以清除心理紧张，陶冶情操，开阔心胸。所以，有抑郁心理的青少年每天应适当地做些力所能及的运动，比如慢跑、散步、踢毽、体操等，这些都有助于你排解阴霾的心情。所以，适当的体育运动不仅有助于你们的身体健康，而且还会使情绪乐观、稳定。

5. 吃一些对抗抑郁的食物

如：深水鱼、葡萄柚、菠菜、樱桃、全麦面包等。

6. 享受美妙的音乐

当心情烦闷时，听些自己喜欢的音乐和歌曲，在优美的音乐旋律中不仅能帮你减轻疲劳，还能带来不可思议的美妙感受。

7. 克制自己

有抑郁心理的青少年要学会容忍和包容，并磨炼自己坚强的意志力。因此，可以通过自己的意志力来消除心中不愉快的情绪，并保持一个乐观向上的积极情绪。改变认知，完善自身的人格，增强面对困难和挫折的能力与自信。只有这样，才能达到根治的目的。

　　长期的抑郁会使人的身心受到严重损害，使人无法有效地学习、工作和生活。要避免抑郁或从抑郁中解脱出来，就需要正确地评价自己，看清自己的长处，建立自尊，增强自信；调整认知方式，多注意事物的光明面；扩大人际交往，多与人沟通，多交朋友。

青少年浮躁心理的控制

在青少年们的心灵深处，总有一种力量使自己茫然不安，让你们无法宁静，这种力量叫浮躁。浮躁就是心浮气躁，是成功、幸福和快乐最大的敌人。从某种意义上讲，浮躁不仅是人生最大的敌人，而且还是各种心理疾病的根源，它的表现形式呈现多样性，已渗透到青少年的日常生活和学习中。可以这样说，青少年的青春是同浮躁斗争的青春。

浮躁是指轻浮、做事没有恒心、见异思迁、心绪不宁，总想不劳而获，浮躁是一种病态心理表现，青少年时期是一个人从不成熟走向成熟的过渡期，这是个朝气蓬勃、充满活力的个性发展时期，这一时期同时也面临着多种危机。

一、浮躁是一种心理通病

浮躁是一种情绪表现，更是一种不可取代的生活态度。自古以来，中国的历史文化一直教人们为人处世要沉稳、含蓄，心平气和、不急不躁。浮躁现在已成为一些青少年的心理通病之一，对前途盲目，做任何事都缺乏思考和计划；学习时心神不定、缺乏主动、恒心及毅力；比如，有的青少年看到歌星能挣大钱，就盲目地想当歌星；看到著名的作家，又想当作家，就这样整天浮想联翩，但又不愿付出行动。还有的青少年爱好转换太快，不管做什么事都忽冷忽热的，今天学弹琴，明天学古筝，三天打鱼两天晒网，最终一事无成。

在茂密的树林里，有两只小鸟，一只叫麻雀、一只叫啄木鸟。它们俩在树林里寻找食物。麻雀站在树枝上"叽叽喳喳"地叫个不停，它从这棵树上飞到那棵树上，东瞅瞅、西看看，一条虫子也没有找到，饿得在树上直发慌。而聪明的啄木鸟默默无言地跟在喜鹊的后面，一旦发现树有病了，就停下来专心致志地寻找，直到找到虫子为止。

最后，麻雀因为浮躁饿了肚皮，啄木鸟因为认真、专一有了收获。

现在好多青少年朋友们像麻雀那样，好急功近利，最终却一无所获。

二、产生浮躁心理的原因

1. 由于家庭环境产生的原因

在社会不断更新的现代社会里，很多父母都处于矛盾甚至无法适应状态。于是，就表现出心神不定、急功近利等急躁的心态，这种不良心理往往直接影响到子女们的身心健康。

2. 对自己的期望值过高

在班级激烈竞争的氛围中，心中定的目标不是太明确。于是就容易出现心神不宁、迫不及待、烦躁不安。

3. 自身性格的缘故

有关心理学家研究表明，性格好强而头脑不灵活的青少年容易产生急躁、沉不住气，做事好冲动，注意力不集中。

4. 从自己的自身表现来看

一般攀比心理也是产生浮躁心理的直接原因。有句俗话说"人比人，气死人"。在心理上经常和别人同学攀比，造成对学习环境不适应，对自己现有的状态不满足，于是浮躁的心理就油然而生。

5. 不注意文化知识的学习

有时青少年忽视了自己文化知识的充实，自身的道德品质及意志的培养，因而造成在学习的过程怕苦怕累，做事急于求成，缺乏应有的恒心与意志。

三、战胜浮躁，走向成功的阶梯

历史上的著名音乐家傅聪在英国留学时，有一段时间感到莫名的烦躁，始终静不下心来学习。他的父亲得知情况后，给他写了一封信，信中有这样一句话："要经得住外界花花绿绿的诱惑，要沉下心来，坐得住冷板凳，才能保证心灵的畅通无阻，才能让知识记在内心，印在脑海。"

如今，青少年浮躁心理是一种情绪冲动和盲目相交的心理病态，这种现象与艰苦学习、脚踏实地、励精图治、公平竞争是刚好相反的。青少年有浮躁心理是一种不健康的表现，这对身心健康有很大的危害性。它不仅会使青少年失去对自我的明确定位，还容易让青少年随波逐流、盲目行动。因为它可能导致青少年为了侥幸成功而铤而走险，最终，坠进犯罪的深渊。因此，对此表现必须给予及时的纠正。

1. 要知己知彼

俗话说："有比较才有鉴别"，比较就是人们获得自我认识的重要方式，然而比较要做到"知己知彼"，只有"知己知彼"后才能清楚自己的优势和短处。

2. 正确对待自己

青少年要以"实事求是，不自以为是"为目的，这是为今后的发展打基础的。

3. 调节好自己的心理状态

当心情不好或为学习而烦躁时，可以放一曲优美、舒缓的音乐，来减轻心理上的负担，等心情平静下来了，可以全身心地投入到学习中。这样，就会心无杂念、专注学习，慢慢地浮躁的心理自然就会消失。

4．遇事时要善于思考

考虑问题时要从现实情况出以，最好不要跟着感觉走，目标要切合实际，在实践的过程中要有坚强的意志，从而走向成功的阶梯。

付出努力不一定就会收获结果，关键是过程。总之一句话，人无贪心就不会浮躁，踏实地走过一生，不要总羡慕那些所谓比自己成功的人，不要拾起芝麻丢了西瓜。

青少年孤独心理的排遣

　　孤独并不是指单独生活或独来独往。人人都可能有孤独的时候，一个人也许在他的身边有很多的人，但未必就没有孤独感产生。真正的孤独感产生于那种貌合神离，没有情感和思想交流的人群中。确切地说，孤独就是对周围一切一点也不了解，对所处环境及周围的人缺乏情感和思想的交流。

　　孤独是在日常交往中产生的一种冷落、寂寞和被遗弃的心理体验，这是一种消极的情绪表现，特别是对于青少年，在人际交往中出现的孤独感已是困扰其情绪的重要因素。这对青少年行为发展极为不利。

一、孤独感往往是自己造成的

　　孤独感是一种封闭心理的反映，是感到自身和外界隔绝或受到外界排斥所产生出来的孤伶苦闷的情感，这是在日常交往中产生的一种冷落、寂寞和被遗弃的心理体验，这是一种消极的情绪表现。

　　常见的情绪情感障碍有：害羞、恐惧、愤怒、嫉妒、狂妄等，其中，与孤独感密切相连的是害羞和恐惧。害羞和恐惧往往会使人产生逃避行为，从而避开与人交往的情境，离群索居，封闭自我。到了青少年这个时期，人际关系的特点也随即发生变化，主要表现在从精神上脱离对父母或成人的依赖，自我意识的进一步发展和完善，以及对成人权威的抵触和反抗，竞争和对抗的激化等方面。

在很多人的印象中，卢朋是一个很不爱说话、性格相当孤僻的孩子，在学校他很少和老师说话，同学们和他说话时，他也很少与人交谈，这对同学们和他之间的沟通产生了很大的影响。

对于这些问题学校老师和她的家长进行了了解，原来卢朋在家里也是如此：卢朋的妈妈是养花专业户、平日里忙于整花、卖花，每天从早忙到晚，与孩子相处的时间很少。卢朋的爸爸又经常出差，在家团圆的日子都很少，所以卢朋从小就很少和父母说话，也很少叫妈妈，从来没有带朋友或同学到家里玩过。

人的身心要想处于正常状态就需要不断地从外界获得新的刺激。由于青少年自尊心的增强，生理、社会性发展的不平衡相互作用，导致有闭锁心理，并因此而产生出孤独感。产生孤独感的原因主要是以下几方面：

1. 独立意识差

独立意识是一种向外的力量，青少年处于身心健康全面发展的时期，是从不成熟走向成熟的过渡时期。此时，自己的社交和实践范围也在逐渐扩大，各方面能力也在迅速增长，于是不愿再盲目地依从父母。而是积极地用自己的眼睛观察世界，感觉自己长大了，不需要依靠父母了，但残酷的现实又让你们觉得心惊胆战。为了摆脱这种困惑，大多数青少年积极和同龄人交往，做个彼此间的了解。但也有一部分青少年不屑于与同龄人交往，害怕被骗从而转向自闭。

2. 不当地自我评价

有些青少年往往对自己的自我评价过低，这样不仅会产生自卑心理，还容易因缺少朋友而产生孤独感。而有些青少年在自我评价过高时，都比较清高，看不起别人，这种类型的人在交往中一般表现为不

随和、不合群、不尊重他人，容易引起别人的不满，因此，过高自我评价的人往往因缺乏朋友而感到孤独。

3．自我意识比较差

自我意识是一种向内的力量，在青少年这个时期，自我意识开始觉醒并逐渐建立，产生了了解别人内心世界并被其他同龄人接受的需要。青少年很关心自己在他人心目中的地位和形象，重视他人的评价。他们会将自己隐藏起来。一方面他们觉得自己心中有很多秘密，又不愿告诉别人；另一方面他们又渴望别人能真正了解自己。这种需要得不到满足时，便会陷入惆怅和苦恼，产生孤独感。

二、走出自己的世界，摆脱孤独

孤独感会使你们产生挫折、寂寞和烦躁等，严重的甚至有厌世轻生的念头。所以，青少年应学会打破心理闭锁，消除孤独感。具体方法如下：

1．多和父母沟通

要多了解、多学习成年人的优点和长处，如果遇到不开心的事，可以向父母诉说，也许可以得到很好的解决办法，这样不仅可以增进亲子之间的感情，还可以减少与父母之间的代沟。

2．要克服自卑

因为自卑而觉得自己各方面都不如别人，所以不敢与别人交往，时间久了就造成了孤独。其实，人和人之间是不可相比的，每个人都是不一样的，每一个人都有自己的长处和短处。所以，有孤独感的青少年要自信起来，走出孤独的困惑，从而克服孤独。

3．多做好事

星期天帮助自己的父母做一些力所能及的家务，在放学的路上，遇到老人或残疾人了可以帮助他们过马路。这样不仅可以排除孤独感，还可以净化心灵。

4．朋友是最好的良药

开放自我、真诚、坦率地把自己交给他人。交往是一个相互沟通的过程，所以别人也会对你以诚相待，如果你感到孤独或需要关心时，可以主动接近别人、关心别人，别人也会以同样的真诚对待你的，如果你的朋友离你较远，你可以翻翻旧时的通讯录，给久未联系的朋友写写信。

这样不但扩大你的社交面，还融洽了人际关系，孤独感自然就会消退了。要注意和朋友的联系，不只是在你感到孤独时所要做的事，要知道，别人也和你一样，也需要得到和体会友谊的温暖。

5. 培养广泛的兴趣、爱好

学会为自己安排丰富有益的业余活动，把思想感情从孤独的小圈子里尽快解放出来，全身心地投入到有意义的活动中去。如游泳、打球、跑步等体育锻炼，既可以松弛心情，也可缓解孤独感，同时还可以得到激励。

6. 享受大自然的美

如果遇到挫折或心情不好时，此时又不愿向别人倾诉，可以到公园或田野里散步，用一丝丝的清风吹走你的坏心情，慢慢地心情就会开朗起来。要知道生活中有很多活动是充满了乐趣的，只要能充分领略它们的妙处，就能消除孤独感。

孤独感绝对是可以克服掉的，只要我们愿意从自己的世界里走出来。相信，当我们走出孤独感的那一刻，便会发现，外面的世界原来是如此精彩，生活是这么美好，便会问自己：自己以前是不是很傻啊？

青少年依赖心理的克服

依赖心理是中学生普遍存在的一种心理，拥有依赖心理的人生活中处处依赖他人，经常需要他人的帮助和指导，不够自立、自信、自主。人在天地间行走应该是独立的，作为一名中学生，跨进青春之门，进入青春期，头脑中应具备一定的独立意识，这种独立意识外在的表现首先就是要自己的事情自己做，克服对他人的依赖。

现代社会，独生子女的家庭越来越多，他们自幼就是在重重关怀之下成长的。在家里，父母、爷爷奶奶、外公外婆都视其为宝贝，自己生活的一切均由父母包揽，生活中从没有为自己的事情考虑过，全部听从父母的安排，这样就养成了青少年的依赖心理。

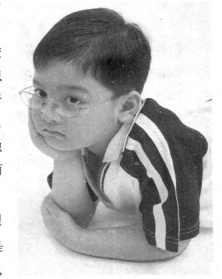

抑或者，有的青少年从小就比较自卑，总认为自己不如他人，如知识贫乏、能力不强、笨嘴拙舌等等；于是，遇事往往犹豫不决，缺乏自信，总需要他人的帮助和指导，很难单独进行自己的计划或做自己的事。久而久之，也容易养成依赖心理。

一、人生第二断乳期的普遍心理

其实，依赖心理在中学生当中是比较普遍的现象之一。曾有报道说，一个孩子面对没有剥壳的鸡蛋竟不知如何下口，因为平时都是父母剥好壳送到嘴边的。这样的说法也许有点夸张，但也从某些方面反映了当代社会中一些人尤其是未成年人依赖性比较强这个事实。

对于青少年来讲，跨入青春之门，就意味着进入了心理断乳期。在这一时期，随着身心的发展，青少年一方面比以前拥有了更多的自由度，另一方面却担负起比以前更多的责任。然而，由于从小受到父母的过度溺爱和娇纵惯养，使得自己不懂生活的艰难。所以面对这些责任，就感到胆怯，因为已经养成了做事靠父母的依赖心理，缺乏独立生活和处理问题的能力。

或者由于自卑，在日常交往中，不自觉地就总把自己放在配角位置，心甘情愿地受他人的支配，这也是严重的依赖心理。总之，这些特征概括来讲就是在心理成长上不够自立、自信、自主。

李丽芳是重庆某中学的一名学生，中考过后，她对自己的估分感觉还不错，估计上市里她心目中的那所重点高中是没有问题的。然而在兴奋之后，她又泛起了淡淡的焦虑。她家离市区比较远，如果到那里上学的话，肯定就要住校了。

那么她发愁的问题就是，要离开家人，离开妈妈了，自己的生活该怎么办呢？因为从小到大，她除了在学校认真学习，学业成绩很好外，什么都不会做。不会洗衣服，不会照顾自己，从来都是饭来张口，衣来伸手。甚至连要穿什么衣服她也经常向正在厨房忙碌的妈妈喊："妈妈，我今天穿哪件衣服？""妈妈，穿哪条裤子？""穿哪双鞋？"。马上就要单飞了，李丽芳隐隐感到对即将开始的新生活的担忧和恐惧。

像李丽芳的这种情况，青少年在生活中肯定也不少遇到。这一方面是由于教育体制的原因。许多莘莘学子，在寒窗苦读十来年中，都沉浸在学习分数的拼杀上，往往忽略了自立自理能力的培养。所以，面对人生的第二次断乳期，李丽芳出现的恐惧依赖心理似乎也是在情理之中。心理专家分析，中学生的依赖心理主要表现在两个方面：

第一，凡事没有主见，总觉得自己能力不足，难以独立，处事优柔寡断，遇事总希望父母或师长为自己作个决定，想个办法；

第二，总喜欢和那些独立性强的同学交朋友。因为自己希望能在他们那里找到依靠，找到寄托。在学习上，喜欢让老师给予细心指导，时时给自己提出些要求；否则，自己就会茫然不知所措。而在家里，一切都听从父母的安排，甚至连自己的穿戴也没有自己的主张和看法。

专家分析，对于青少年的这种依赖心理，如果不能得到及时纠正，发展下去就有可能形成依赖型人格障碍。因为依赖心理是一种消极的心理状态，它会对中学生个人独立人格的完善，自主性、积极性和创造力的发展造成不利影响。

人总是要独立生活的，依赖性过强的人在需要独立时，可能对正常的生活、工作都感到很吃力，内心缺乏安全感，时常感到恐惧、焦虑、担心，很容易产生焦虑和抑郁等情绪反应，这些都会影响到身心健康。而且，通过生活中的例子我们也发现，依赖性较强的青少年在长大后一旦失去了可以依赖的人，往往就会不知所措。所以，当青少年开始跨入青春之门的时候，一定要具备一种独立意识，正所谓"自己的事情自己干"。

二、自己的事情自己干，无需依赖他人

人是万物之灵，而人之所以能够脱离动物界成为万物之灵，就是因为人类身上所特有的独立性。青少年要意识到，一个依赖别人的人，其实就意味着放弃对自我的主宰，这样的人容易失去自我，在遇到问题时，容易人云亦云，随波逐流，这样往往就不利于自己独立人格的形成。

那么，面对自己的依赖心理，究竟该如何改正，如何做起呢？首先，要认识到，依赖心理的形成是一个长期的过程，并且它是多种因素相互作用的结果。所以一个人要想克服自己的依赖心理，也并非朝夕之事，而是应该多角度、长时间地克服它。具体来说，应该先从以

下两方面做起。

第一，正确认知自我，充分认识到依赖心理的危害。

每个人都有自己的优点和缺点，只有正确地认知自我，才能在发现自己的缺点和缺陷时，不把它们当成包袱背起来或是压在心头，才不会否定自己、肯定他人，对他人形成依赖。而要做到这一点，则必须先在心理上接纳自己，肯定自己，相信自己可以独立，自己的事情完全可以自己干。

第二，自己的事情自己干，逐渐增强自信心。

要克服依赖心理，最重要也最为关键的一点就是：自己的事情一定要自己做。就算是自己没有做过的事情也要锻炼做。从决定要克服依赖心理的那一刻起，就要纠正平时养成的习惯，提高自己的动手能力。

比如平时在学校中，可以主动要求担任一些班级工作，使自己有机会面对问题，独立地去拿主意，想办法，以增强主人翁的意识。在学习上，多向独立性强的同学学习，不要什么事情都指望别人，遇到问题要做出属于自己的选择和判断，加强自主性和创造性。

除了学习之外，还要多参加集体活动，学会去帮助他人，以增加自信心。在家里，自己能干的事情一定要自己干，千万别什么都推给父母，自己当个"小地主"。

生活中，我们每个人都会需要别人的帮助，但别忘了自己也要发挥自己的主观能动性，大事可征求他人意见，但那也仅供参考。当青少年真正从对他人的依赖关系中解脱出来的时候，就会有一种感觉，一种踏实的感觉，它让你感到一种自信的力量，让你享受到自主、自立给自己带来的喜悦和鼓舞；而那时，依赖心理也就无从立足了。

青少年虚荣心理的调整

　　所谓虚荣，是指表面上的风光无限而内心却感受畸形痛苦的一种不良心理。青少年的虚荣心是一种追求虚表的性格缺陷，是一种被扭曲了的自尊心。过分地追求虚荣是道德责任感的一种不良的心理反应，其本质是谋私利己的情感反映。

　　每个人都需要自尊，都希望得到他人和社会的认可。但是，虚荣心强的人往往不是通过自己实实在在的努力，而是利用撒谎、投机等不良手段来获取虚名的。

　　虚荣就如浓厚的乌云，它会挡住灿烂的阳光而使人蒙受虚伪的阴

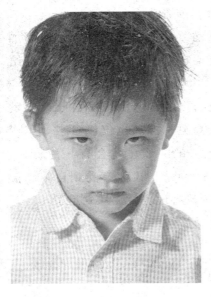

影；虚荣如波涛汹涌的河水会冲断人生的桥梁，使人犹豫不决、徘徊不前。据调查统计，大多数青少年都有虚荣心的表现。这种现象严重驱使了青少年的心理，使青少年丧失了生活的基础，被扭曲了的自尊心呈现出了过分的虚荣表现，这是他们追求虚表的性格缺陷，从而使青少年陷入勾心斗角的氛围中，因为一个人的虚荣心和另一个人的虚荣心是不能共存的，这是为了取得荣誉而表现出来的一种不正常的社会情感因素。

一、虚荣心理，有害无益

青少年一旦有了虚荣心，就如夏天突然袭来的狂风暴雨，它会毫不留情地吹走一个人的谦虚谨慎、自知之明、沉着稳健，以及那颗纯洁的心。它会给人带来骄傲自大和盲目追求的心理，让你像棉絮那样漂浮不定，始终找不到目标，到最后还是失败了。青少年不妨翻阅一下历史，从中就会发现许多因为虚荣而功败垂成的人。

孔雀是鸟类里最美丽的，它有金黄和青翠的长尾，这一点是任何画家都难以描绘的。孔雀生性爱忌妒，它要是看见别的动物长相华美就会去追啄它们。孔雀很珍惜自己的尾巴，在深山老林里栖息的时候，它首先要选择搁置尾巴的地方才安身。

有一天下雨了，雨水打湿了它美丽的尾巴，捕鸟的人马上就要过来了，其他鸟类都不约而同地飞走了，可它还是只顾自己美丽的长尾，不愿意飞走，最终被捕鸟的人捉住了。

故事中的孔雀就是为了贪图虚荣而送上了自己的性命。其中也隐喻现实生活中的人们为了那些没有意义的美好理想而牺牲了自己的生命和自由。这些行为都是虚荣心过度的表现。

有着强烈虚荣心的人，总根据个人的私欲去追求一种表面的、暂时的、虚伪的效果，甚至弄虚作假、敲诈骗取，这种不理智的行为完全丧失了自身的存在价值，其目的就是为了取得荣誉和引起别人的注意，进而得到周围人的赞赏和羡慕。简单地说，虚荣就是对道德荣誉的一种反动表现。

二、产生虚荣心的原因

1. 爱面子

处在经济繁荣的年代，很多青少年都非常爱面子。会在朋友或同学面前说出很多不合实际的话语，也会为了能实现自己的话而做出许多不合常理的事情来。这种现象严重影响了青少年的道德观。

2. 攀比心理

攀比心理对青少年的身心健康是极为不利的。盲目地和其他同学攀比，这种现象很容易使青少年产生自卑、失落、嫉妒等负面情绪，在攀比之下其心理很难以得到平衡，就会不断地埋怨自己，认为自己无能。越是这样就越掩盖自己的缺点，然而其虚荣心就越强烈。

3. 不良性格导致

比较外向的青少年，性格活泼开朗，比较善于交往。因此，这种类型的青少年为了引起别人的注意，喜欢在公共场合中表现自己，也就是爱出风头。

而那些性格内向的青少年，由于不爱说话，但又害怕别人瞧不起自己，于是经常说出一些虚荣的话来掩饰自己不自信的内心，为了得到他人的信任就会做出虚荣的行为。还有因为学习成绩不好，就会用夸耀自己家里很有钱等方式来获得心理的平衡等，这些不良的行为严重地污染了青少年朋友们的纯洁心灵。

4. 不正确的价值观

青少年在对道德品质认识的不够深，对人格的重要性不明了的状态下，就会盲目地追求或显示自己的虚荣心，这种庸俗的思想行为往往只能迎来鄙视的目光，而得不到别人的尊敬和信赖。

三、摆脱虚荣，完善自我

从心理学的角度上来看，虚荣心是一种追求虚荣的性格缺陷或被扭曲了的自尊心。每个人都有自尊心，并且都希望能得到别人的认可，这是正常的心理需求。

换个角度来看，虚荣心是不道德的社会心理病态，它常常使青少年们做出不成熟的不良行为。因此，青少年朋友克服虚荣心是非常必要的。

1. 你要认识虚荣心的危害

虚荣心较强的人，在心理上往往是自私、虚伪、欺诈的，这种表现与谦虚谨慎、不图虚名的美好品德是格格不入的。这种人从来都不思进取，对于自身的缺点总是想方设法去遮掩，而不是去改正，他们会为得来的赞赏而沾沾自喜。

2．要克服盲目攀比心理

青少年要保持清醒的头脑，面对现实、实事求是，根据自己的实际情况出发，认真地处理自己的事情。摆脱那些过于虚荣的心理困惑，克服盲目攀比心理。不要因为自己的某方面不如别人就靠试图找自己的长处来掩饰，要学会正视自己的不足，要知道立足于社会不是通过攀比个人价值来实现的。

3．要树立正确的荣辱观

在这个社会上，对于自身价值的实现是离不开社会现实的需要，青少年必须把对自身价值的认识建立在责任感上，对于那些荣誉、地位、得失要用理智的心态来面对。人生在世，要有一定的荣誉与地位这是正常的心理需要。但是，一定要正确理解权力、地位及荣誉的真正内涵，才能从中获取人生中最重要的东西。

4．要有高尚的道德情操

青少年要用道德品质来规范自己的言行，用高尚的道德品质或人格来战胜虚荣心，洁身自好，重品德。

同时青少年还要正确对待失败和挫折，必须要从失败中吸取教训，从挫折中总结经验，并通过自己的艰苦奋斗，努力克服前进道路上的困难和障碍，树立起高尚的道德情操，这样才有可能实现自己的远大理想和抱负。

最后，战胜虚荣心的主要方法就是要不断提高自己的修养、完善自己的人格、在困难和挫折中总结经验，从而走向人生的最高点。

对于虚荣心的克服，将使青少年对自身的认识和改造上升到一个新的高度。当青少年认识到了实实在在的自己之后，就会感到自己的奋斗似乎有了更明确的方向和更充实的动力了。

青少年害羞心理的祛除

　　羞怯是青少年常见的一种逃避行为，它的表现形式是多种多样的。经常看到这种现象：有的人在路上碰到熟人因怕羞故意躲避；有的人不敢在大庭广众之下讲话，一讲话就会手足无措、面红耳赤。这在心理学上都称为怕羞心理。

　　羞怯的心理每人都会有，只是轻重不同而已。从心理学角度看，羞怯是内心深处的胆怯、自卑、不自信等常见的外在表现。时间久了，会形成紧张、焦虑、恐惧等不良情绪，这种情绪会潜移默化地影响与他人的沟通与交流，使青少年得不到健康的成长。

一、害羞心理是自己与自己为敌

　　青少年产生羞怯心理大多数是由于性格内向，怕见生人，不愿与他人交往，不愿与同龄人一起玩耍，不愿在公开场合抛头露面，总是喜欢一个人默默地待在一旁，尽量不引起他人的注意。

　　经心理学家研究表明，青少年进入青年期以后，不仅注重自我形象，而且还注重别人对自己的看法，关心自己在人们心目中的形象。但如果这种心理过于超出常态，久而久之，便会成为一种心理上的束缚，以致不恰当地约束自己

的言行，怕与人交往，怯于在公开场合讲话。

即使在和他人交往时，也会表现得无所适从、语无伦次，不但不能畅所欲言，反而过多地约束自己的言行。有时在和朋友交谈中不能坦率地表达自己的思想感情，造成难以与他人进行正常的交流和沟通。

小凯从小就非常内向，平时见人就脸红，更为严重的是，几乎不敢在课堂上回答问题。每当老师上课提问时，他都把头埋在书里，不敢抬头与老师的目光对视。而一旦被叫起来回答问题，就站也不是，坐也不是，有时还浑身发抖。一次班会上，老师要求他上台给大家唱首歌。他低着头半天发不出一点声音，虽然大家鼓掌给他鼓励，但最终他还是一声不吭地从台上跑了下来。

随着青少年的年龄增长，有的青少年在心理上开始产生各种各样的思想烦恼。而羞怯就是主要原因之一。青少年产生羞怯心理的具体原因如下：

1．家庭环境的影响

据有关人士调查，大多数有羞怯心理的青少年。因父母自己就存在羞怯情绪，因此，在别人面前说话或办事时表现得畏畏缩缩。另外，因为父母经常打骂或责备孩子，这样不仅缺乏交流和亲情，还会让孩子觉得自己比别人低人一等，由此产生羞怯自卑的心理。

2．害怕心理

有的青少年特别害怕别人的亲近，对别人不信任、多疑，担心接触多了被别人知道自己的内心世界。

3．个性差异

因为青少年每一个人的个性气质都不相同，有的内向、害羞、退缩；有的则是活泼、大方。如果生性内向、害羞或胆小，必然比较容易怕生。

4．对环境的适应

对现在激烈竞争的社会环境不适应，缺乏特殊的社交技巧，无法进入社交氛围，从而产生羞怯的心理。

5. 缺乏自信和实践锻炼

有些人总认为自己没有迷人的外表，没有过人的本领，属于能力平平之辈，因此他们在交往中没有信心，患得患失。长期的谨小慎微不仅使青少年体验不到成功的喜悦，而且使他们更加不相信自己的能力。加之多数学生生活环境比较顺利，缺乏实践锻炼的机会。这些往往是导致害羞的重要的原因。

二、坚定信念，克服害羞

害羞不能成为一生的负担。害羞的人可以尝试着融入一个新的社交环境，逐渐克服害羞心理。那么，应如何帮助青少年克服害羞心理呢？

1. 提高自信心

青少年羞怯的根源是青少年看不到自己的优点和长处，总认为自己无知无能，害怕不能给别人留下好印象。其实，现实生活中，每个人都有自己的优点和缺点。要善于发现自己的特长，并很好地发挥，从而提高自信心，克服羞怯心理。

2. 提高自己的社交技巧

羞怯的人，总会担心别人瞧不起自己而不去交友。这时，就应该多结交朋友，在生活中找个没有羞怯心理的伙伴作为自己学习的榜样。另外，还要多参加有益的公众活动，如果能够找到自己感兴趣的活动，就会很容易摆脱羞怯。

3. 挖掘自己的特长

有很多青少年因为孤陋寡闻、平庸无能，造成与别人没有话可说，并且对自己的成就也不欣赏。如果在某个领域中掌握常人所没有的知识和技巧，就会因为自己的一技之长而增加自信心，从而，结交更多的朋友克服羞怯心理。

4. 勇于和别人交往

向经常见面但说话不多的人如邮递员、售货员等问好；与人交往，特别是与陌生人交往，要善于把紧张情绪放松。使用一些平静、放松的语句，进行自我暗示，常能起到缓和紧张情绪，减轻心理负担的作用。

在这个世界上有很多著名人物都曾有过羞怯心理，如美国前任总统卡特及他的夫人、英国的王子查尔斯、著名的女影星凯瑟琳·赫本等都曾坦率地承认自己曾经是一个十分怕羞的人。可是，经过他们有意识地磨炼，最终克服了羞怯心理，取得了令人瞩目的成功，最后都成为了社交界的明星。所以，有羞怯心理的青少年，只要拥有坚定的信念，用持之以恒的态度，就能克服羞怯心理。

也许青少年并不能一夜间就完全克服羞怯心理，也许青少年内心深处仍感到害羞。但是，只要青少年能够不断和他人沟通，努力锻炼自己，那么就能拥有自信与大方的笑容。

青少年恋爱心理指导

青少年恋爱心理种类

早恋指的是未成年或者生理、心智未成熟的男女建立恋爱关系或对异性感兴趣、痴情或暗恋，一般指 18 岁以下的青少年之间发生的爱情，特别是在校的中小学生居多。调查表明，在中学阶段没有发生过感情的人很少，而大多数都是暗恋、单恋（单相思），只有相互有好感才能发展成为早恋。

早恋的原因有很多种类型，主要可以归纳为下面几种：

（一）爱慕型

这类青少年是由于互相之间对对方的爱慕，而产生的早恋现象，这类早恋十分常见，而根据爱慕原因的不同又可分为下面几类：

（1）仪表型

这类早恋是由于爱慕对方外在的仪表而产生的，也是最常见，但也是最难以持续和稳定的。学校中总有英俊的男生和漂亮的女生备受异性追崇，就是含有这个因素。

（2）专长型

这是由于爱慕对方的某项自己崇尚的能力或专长而产生的早恋。这类早恋常常是女孩采取主动。

（3）品性型

这类早恋是由于爱慕对方的某些自己崇尚的品性而产生的早恋，这相比而言维持得比较持久。

（二）好奇型

这是因为对异性的好奇心而产生的早恋现象。因为性意识的不断发展，青少年会产生对异性身体、生活心理和对自己态度的好奇，这是青春期青少年的一种心理现象，青少年容易产生性冲动，从而对异性保持一种敏感的态度，为了满足这种好奇心而结交异性朋友。

（三）模仿型

这是由于模仿社会上、影视作品和报刊书籍中的行为而产生的早恋现象。

（四）从众型

这是迫于周围同龄人的压力而产生的早恋现象。例如，本来不存在的恋爱关系，可能被周围的人杜撰出来，即"谣言"或者"绯闻"，在这样的环境下，迫于舆论的压力很容易对其产生爱慕之心。

（五）愉悦型

青春期男女之间，作为同学甚至同桌，由于较多的交流和信息传递，会对对方产生更为细致和透彻的理解，在这种状况下容易产生早恋，这也是"同班恋"甚至"同桌恋"的重要原因。

（六）补偿型

一些青少年由于在学习生活中遭受挫折，使自己的自尊遭到损害，为达到发泄目的，往往会找异性交往，在其中忘掉痛苦，以谋求补偿。这类早恋融入了真实的感情，容易发展深化。

（七）逆反型

由于社会意识和舆论的因素，青少年的两性交往，常会受到家长老师的不恰当干预，容易诱发其"你们不许我这样做我偏要这样做"的心理，在这种逆反心理的作用下，本来正常恰当的异性交往可能迅速向早恋发展。

（八）病理型

在当代，生活条件优越，容易造成的营养过剩和食物中含有的性激素的作用或各种特殊生理疾病、家庭遗传等因素，容易造成青少年心理早熟，甚至是性变态心理，这是诱发青少年早恋的主要客观因素。

青少年恋爱心理指导

有位作家说过，早恋是一朵带刺的玫瑰，我们常常被它的芬芳所吸引，然而，一旦情不自禁地触摸，又常常被无情地刺伤。

青少年要正确处理好自身的早恋问题，可以从如下几个方面入手去处理：

（一）要清楚地认识到早恋的危害，用理智来战胜这不成熟的感情

早恋最直接的危害是严重干扰学习。由于整日整夜满脑子想着自己喜欢的那个异性，因此，会使你没心思去学习，也觉得学习没多大意思，上课注意力就难以集中。由于没有认真听讲，因此，学习成绩就会越来越差。有人说：事业的引力，爱情的驱动力，歧视与压迫的反作用力，是人生的三大动力。因此，早恋处理得好，可以产生"合动力"。有关统计材料表明，那些在中学时代就耳鬓厮磨、如胶似漆地恋着的，大都是学业荒废，爱情失败，甚至有的由"爱得深"变为"恨得深"。相反，那些把爱深深埋在心底一心向学的青少年，多数不仅事业有成，而且能够赢得爱神的青睐。因此，青少年要把眼光放得远一点，要用理智战胜自己的感情。毅力的真谛是战胜自己，你能战胜自己，便会摆脱早恋。

（二）要注意心理卫生，不看不适宜的报刊杂志、影视节目，把精力投入到学习中去

多看一些伟人的传记，培养自己的意志力，树立远大的奋斗目标。有些青少年早恋或者单恋，喜欢夸大自己在对方心目中的地位，认为对方的一言一行都与自己有关，甚至是受自己影响的。对方成绩下降，挨了老师批评，以为这是因为自己的缘故，因此，替对方难过；对方近日精神不振或者 瘦了，认为这是因为对方想念自己的缘故，因此，自己很感动。青少年的这种心理，其实是一种"自作多情"。青少年在这

种对异性的想念和思念中，除了使学习下降外，还能得到什么呢！

（三）要正确处理早恋和男女生正常交往的关系

每一个步入青春期的少男少女，随着生理的逐步成熟，会开始关注异性同学，并希望了解他们，与他们交往，这是一种正常的心理现象。青少年对异性的依恋并不是有些家长和老师所认为的那样，是一件丢人和见不得人的事。这与道德品质无多大关系。绝大多数青少年都"早恋"或"单恋"过一个自己很喜欢的异性。关键是青少年如何正确处理早恋和男女生正常交往的关系。不要过分地敏感，不要以为异性对你好一点就是爱上了，也不要动不动就向人家表达爱意。

（四）多参加集体活动，分散对个体异性的注意力

通过参加有意义的集体活动，可以陶冶自己的情操，树立远大的理想，并能获得同学们的帮助和友谊。同时，这样做，能分散你早恋的注意力，减轻你的烦恼。也能使你头脑冷静下来思考，淡化你对你喜欢的异性的强烈情感。现在没有早恋，也许不久就会早恋，因此，应尽量避免同异性同学单独交往，因为受生理、心理因素的影响，青少年"爱"的火焰，随时都会被异性点燃，到那时，你就是想让它熄灭，也都难以做到。

（五）设法摆脱早恋

当有人向你表示爱意或求爱时，当你对异性萌生爱意时，可采取如下方法：

（1）转移法：把精力转移到学习上去，用探求知识的乐趣来取代不成熟的感情。

（2）冷处理法：逐步疏远彼此的关系，以冷却灼热的恋情。

（3）搁置法：即中止恋情，使双方的心扉不向对方开启，而保持着纯洁的、珍贵的友谊。

青少年焦虑心理调适

焦虑是一种担忧的反映倾向。青少年学生处于青春期，其个体生理环境和社会环境处在不断发展变化中，内外纷繁复杂的刺激时刻影响个体，极易导致其心理失衡，产生各种焦虑，影响青少年学生身心健康发展。

一、焦虑的具体表现

在不同的条件刺激下，青少年学生会产生各种不同的焦虑。具体表现：

（1）学习焦虑。即由学习活动（如考试、竞赛等）引起的焦虑。我国心理学工作者最近的调查结果显示，目前中学生的心理健康方面存在的主要问题是"学习和考试焦虑"，居各问题之首。

（2）生理焦虑。即因自身生理发展不适应而引起的焦虑。如对"月经"、"遗精"、"手淫"及其他第二性征出现而产生恐惧、悔恨、羞耻感、罪恶感等。

（3）心理发展焦虑。即由于自我意识迅速发展，"成人感"增强，却未获得他人（父母、老师、同学）应有的承认或尊重而产生的焦虑。

（4）人际关系焦虑。即因无法适应各种人际关系（如与老师、同学、朋友等）而引起的焦虑。

（5）生活焦虑。即由于不能适应生活环境和条件的变化而引起的焦虑。如有的赴外求学不适应当地居住环境、饮食条件、生活习惯等；有的缺乏独立生活和适应社会的能力等。

上述五种焦虑表现，若是短时的、轻度的，则对学生身心健康不会有多大影响，但若是持续的、较大强度的，则会损害青少年学生健康的人格形成与发展。

若在此焦虑状态下，其个体遇到失败或挫折的打击，则会导致学生自身价值感的丧失或自尊心的严重受损，从而造成个体"神经过敏性焦虑"，该症状突出表现是：患者常常会持续性或发作性地感到恐惧不安，提心吊胆，紧张焦虑，似乎就要大祸临头，尤其是当原发刺激情境出现时。在旁人看来患者所感到的恐惧紧张是完全没有必要的，至少是太过分了，但患者却控制不住自己，无法摆脱精神上的痛苦。

二、焦虑心理的调适

青少年学生焦虑的调适，需要教师和学生双边共同努力。作为教师，要达到"十字要求"。即对学生要"尊重"、"减负"、"关心"、"诱导"、"辅导"。

所谓"尊重"，即尊重学生的人格，切实保护学生自尊心，在严格要求中要合情合理，体现"师爱"，批评要讲究艺术，应力避讽刺、挖苦、体罚或变相体罚甚至侮辱学生，努力建立和谐的师生关系。

（1）"减负"即要减轻学生过重的课业负担，尽可能丰富学生课内外生活，使学生能保持一个良好的情绪状态。

（2）"关心"，即深入学生生活，了解学生各方面困扰，及时为学生排忧解难。

（3）"诱导"即教师应通过多种形式和途径引导教育学生互相关心、互相帮助、互相理解、互相谦让，努力培养真诚友爱的同学关系。

（4）"辅导"即教师注意做好学生的个别心理辅导。对有严重焦虑的学生，教师要耐心细致、科学及时地给予帮助，教给学生自我调适的方法和技术。通过这几方面工作，力求为学生创设一个焦虑调适的宏观的、外部的、和谐宽松的环境和保障机制。

三、焦虑的自我调适

作为学生，应做好自我调适。达到"四少四多"。

（1）少独处，多倾吐。青少年学生在焦虑不安、烦闷忧郁的情绪状态时，应多活动，即多走走、看看、玩玩，俗称"散散心"，同时多跟自己亲近的人、要好的朋友倾吐内心苦闷和忧虑，这样一方面可宣泄不良情绪，减轻心理压力；另一方面还可得到别人的开导、指点，通常别人的寥寥数语，会使你如拨开九重阴霾，心中豁然开朗。

（2）少焦虑，多分析。青少年学生经常会体验到焦虑，但有些同学的焦虑是模模糊糊的，弄不清自己真正焦虑的对象是否值得焦虑，更没有认真仔细地考虑如何对待，任凭焦虑的不断积累，心理负担越来越重，最后导致焦虑症等影响心理健康。因此，有焦虑感的学生不妨少点盲目忧虑。多对自己焦虑情绪进行认真具体深入的分析，其方法如："写心理自我治疗日记"，即每天遇到什么苦恼的事，产生了什么焦虑，这种焦虑表现为什么样的矛盾心理，可以统统把它记在日记里，在写心理自我治疗日记时，要坚持实事求是的态度，进行客观分析（因为陷入严重焦虑而不能自拔的人，往往不自觉地通过主观的想象，过分放大了所焦虑事物的不良后果），其结果就可以去伪存真，减少一些虚假的忧虑，开始时会感到有许多想法和事实可记，渐渐地记的内容就会逐日干枯，最后会清醒地认识到原来在许多方面是自己吓唬自己而不是焦虑本身。

（3）少空想，多行动。青少年学生由于缺乏经验和良好的心理素质，在面临各种焦虑因素时忧心忡忡，甚至惊慌失措，使得事情越来越糟，最后真的到了不可收拾或一败涂地的地步。事实上若我们一开始就少点空想，多积极主动，脚踏实地地努力，则会使事情向好的方向发展，有一个好的结局，最终减轻或消除焦虑。有位心理学家曾调查了某次体操比赛中那些得胜者和失败者在赛前的焦虑程度。结果发现两类人的焦虑水平一样，得胜者和失败者的差别在于他们应付方式不同。那些后来表现较差的运动员只懂得担心，总是在想象自己如何表现不好，因而陷于近乎恐慌的状态，而那些后来获胜的运动员一般都不去想自己的焦虑，而只是集中精力做必要的准备，他把自己要做的事情分成一系列细小的步骤，逐个完成，从而克服了自己的焦虑。

（4）少懈怠，多训练。当心理处于焦虑状态时，许多青少年学生听之任之，缺乏调适的技术。英国一位心理学家曾设计一套将心理与身体练习相结合的独特方法，成功地治愈了几千位患有焦虑症的人。其方法是：

准备：练习者坐在椅子上，脚掌着地，两臂自然下垂，闭上双眼，然后腹式呼吸 3 次。吸气时注意体会各部紧张感，呼气时注意放松，放松、再放松。

背部放松：身体移至椅边，闭眼，注意背部的感觉。吸气后仰，伸展脊背至不舒服止。再呼气、拱背，向前蜷缩双肩，然后下垂双肩，肩胛骨靠拢，并肩。轻轻地呼气，垂肩。反复做 3 遍。

头部放松：呼气，下巴垂至胸前。吸气，头由重力自然支配右旋转，转到后背时开始呼气，向左经后背绕至胸前。先做 3 次右绕头运动，再做 3 次左绕头运动。注意右旋转时左侧脖颈舒展，向后转时，喉部肌肉舒展。

面部放松：先吸气，面部各部分肌肉向内收缩，将紧张压力集中在鼻尖上。然后吸气，口尽量张大，眉毛上挑，脸拉长，如同打哈欠状。

这套心身训练，随时随地都可以做，做二三分钟即可。

通过学生自身的调节和教育者对外部环境的控制与预防，从而确保青少年学生心理适应身心健康的发展。

青少年自私心理的矫正

　　自私是社会中普遍的病状心理现象。"自"是指自我的意思；"私"是指自身的利益；"自私"就是只顾自身的利益，不顾他人、集体和社会的利益，这是一种病态社会心理。一般有自私心理的人主要表现在不讲理，把自己的东西看得最重要，不管别人的利益是否受到损害。

　　一般情况，自私的青少年朋友嫉妒心很强，心中只有自己根本容纳不下别人。黑格尔曾说"嫉妒是平庸的情调，是对卓越才能产生的反感"。如果谁的能力比你强并取得了好成绩，甚至容貌、身材等超过你，你就会感到不舒服，就会想办法诬陷或为难比你强的人。这种不良的心理现象害人又害己，严重地影响了你的身心健康。当周围人的本事比自己强时，或取得了好成绩时，你都会感到难受而老想方设法诋毁、诬陷、为难比你强的人。

一、自私心理，损人利己

　　自私的人会斤斤计较个人的胜败得失，整天处于小算计之中。如此一来，就难以把目光投向远大的人生目标，自然也就难成大器。也就是说自私会消磨意志，使其不会有大的作为。

　　自私会损害同学之间的人际关系。

一个过于自私的人是不会乐于帮助别人的，因此也往往不会得到别人的帮助，得不到关心和爱护，相反，很多同学和朋友可能因为你过于自私而疏远你、蔑视你、敌视你。这样，自己就会觉得孤立无援，就会丧失对学习、对生活的乐趣。自私的人即使对父母也是自私的。现实生活中有很多人在成家后，仍然缺乏对父母的孝心，仍然算计父母的为数不算少。

韩女士感冒发烧好几天了，全身一点力气也没有，女儿不仅没关心问候她，每天还像往常一样等着她做饭、泡咖啡、冲牛奶，而且不管费事不费事，仍点着要做她平时爱吃的饭菜。

她想责怪女儿不懂事，但一想到女儿每天学习那么紧张，嘴边的话就没说出来。但让她没想到的是，星期天女儿突然来了兴致，要去郊游，还生拉硬扯着要母亲陪她一块去。

韩女士此时头晕无力，对女儿说："娟子，妈实在去不了，妈妈下地走几圈都没力气，要不你自个去吧。"

谁知女儿一跺脚，任性地说："妈！你平时不总说是为我活着嘛！我就要你去！叫我一个人去游东湖，想照张相还得求别人，一点儿意思也没有！"

韩女士说："娟子，妈真的去不了。"

"去不了也得去！"女儿蛮横地说。

母亲拗不过女儿，只得陪女儿一起去十几公里外的东湖，结果回来就住进了医院。

自私是一种自我保护的本能，是一种下意识的反应。青少年大多数都有不同程度的自私倾向。有人说自私是人的本性，与心理不健康没有关系，多是受"人不为己，天诛地灭"观念的影响。

其实，有自私心理的青少年朋友主要是因为当周围人的能力比自己强时或是取得了好成绩，内心会感到很难受，就会想方设法诬陷、诋毁、为难比他强的人。

　　这些多是因家庭教育方式的不得当和社会的消极因素所影响，导致有些青少年朋友一直停留在有我无物的阶段，并没有把主观原因和客观原因统一结合起来。这种以自我为中心的意识在青少年的行为表现上都是自私和没有责任感的表现。

　　二、产生自私心理的原因

　　1．嫉妒别人

　　一般自私的人嫉妒心很强，对别人的不满心理很容易发作，想着别人这样了，为什么我就不能这样。这就严重影响了你的心理健康了。

　　2．家庭环境的影响

　　现在的独生子女几乎都不同程度地具有自私的问题。由于是家中唯一的子女，于是集父母宠爱于一身，甚至垄断了父母的整个身心。家里有什么好吃的东西都先仅他（她）一个人享用，有什么要求家长就尽量满足，久而久之，自然而然地使孩子养成了自私的毛病。加之没有兄弟姐妹，缺乏合作、分享、谦让、奉献等集体生活的经验，容易形成以自我为中心的思想观念。

　　3．受父母的言谈举止的影响

　　成长时期的模仿能力都很强。有这样一则笑话，一对夫妇对自己的儿子百般疼爱，而对父母却万般挑剔，有一天，这对夫妇的恶劣行为被他们的儿子看到了，孩子大声叫着说："我记住了"。

　　父母紧迫地问他记住了什么？

　　儿子说"记住你们怎样对待爷爷奶奶，长大了我就怎样对待你们。"父母一时不知所措。可见，成人自私的言行严重地影响了青少年自私心理的形成。

　　4．社会原因

　　现在的社会中，流传着这样的话：人不为己，天诛地灭。这确实是一种普遍的现象。如果不自私，那么就会被别人抢先或者是自己根本就没有机会，而青少年的认知不是很强，很容易受这种思想的影响。

三、调试自私心理，拥有宽阔心态

自私是不健康的自我观念。自私就是站在自身的利益上考虑问题，把自己的利益和意愿放在首位，从不顾虑别人的感受，更有甚者会为了自己的利益而不惜一切代价伤害他人的自尊或荣誉。多表现在心胸狭隘、斤斤计较、缺乏同情心和爱心等。

自私这种病态心理严重地腐蚀着青少年的心灵。因此，要学会调适自私的心理。

1. 培养自身的集体荣誉感

自私是指自身的言行举止只考虑自己的利益，不顾及社会和集体的利益。有这种心理的人，往往集体观念比较弱，只为个人的前途和利益着想。如果能通过自省来反思自身的某些心理现象，从自己自私行为中看到不良后果和危害，从而改正自己的错误，处处为他人和集体着想，尊师守纪，勤奋学习，慢慢地就会走出自私的心理。

2. 取消自己在家中的"特殊"地位

在日常生活中，尽量不要给自己一些特殊的待遇，对于需求只是适当地给予满足，让自己知道所有的人都是平等的，久而久之，就消除以"自我为中心"的自私心理。

3. 要学会尊老爱幼

在享受时要先考虑长辈，比如在吃饭时，为长辈夹菜，舒服的位置让给长辈坐；别人对自己服务时要对此表示感谢；如果别人遇到困难时，自己要尽可能给困难的朋友提供帮助。多做一些好事，在自身的行为中纠正以前那些自私的心态，从他人的认可和赞同中获得乐趣，使自己的心灵得到净化。

4. 与朋友一起玩耍

在和朋友在一起玩时，把自己的玩具和图书拿出来，和朋友一起分享，时间长了，就会养成团结友爱、相互谦让的好品德。

5. 自己不要无理要求

有时候你会提出一些无理和不切实际的要求，此时，自己必须坚决地杜绝。

6. 要主动承担家务劳动

在家时要多做些力所能及的家务劳动。例如：整理自己的房间，洗衣服、为下班回来的爸爸妈妈倒杯热水等。这样不仅能体验到父母的艰辛，还能培养自己热爱劳动和独立自主生活的能力，从而克服自私的心理，让自己拥有一个宽阔无私的心态。

要克服自私的心理，就要提高自己的涵养，树立正确的人生观，遇事多考虑点别人，少想点自己，不要认为别人活着都是为了自己。要学会宽容别人，谅解别人，不要自以为是，对别人给自己的伤害不要总是寻机报复，而应该宽博仁爱，与人为善。

青少年自闭心理的防治

　　自闭是青少年走进青春期最常见的现象。通常情况，自闭的人表面上对生活中真正打动他们内心的人或事，装作视而不见，但内心却充满了矛盾和痛苦，并又强烈地渴望得到别人的理解和信任。这种由自闭心理所产生的痛苦，远远比其他痛苦更令人难以忍受，甚至会产生消极情绪，甘于堕落。

　　青少年造成自闭的原因是随着身体内部性本能的启动，如少女的月经来潮、少男的遗精出现以及身体外形和第二性征的变化，使青少年不断产生苦恼，也使他们经历了以前从来没有过的内心体验，在青

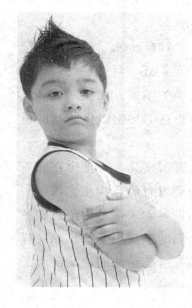

少年身上充满了自己无法解答的谜。此时会意识到自己的软弱，一方面想努力掩饰它，同时又希望能找到倾吐的对象和安慰，这实质是自我意识弱薄的流露。

一、自闭是对自己无形的惩罚

　　由于自我意识的不断发展，青少年开始把注意力集中在自己的内心感受上，从而意识到自己的思想、情感和其他不同于他人的心理特点。同时，由于社会生活经验的逐渐丰富，青少年开始意识到人与人之间存在着心心相印和心理不相容的差别。他们愿意对"知心朋友"倾吐自己内心的

秘密，瞧不起那些用导师的口吻对他们说话的人，并且不愿意与这种类型的人进行交流并透露自己的内心世界，久而久之便形成了自闭心理。

有一个叫李刚华的学生是班里的三好学生，他本身有点口吃，因为一次语文公开课，他不能顺利地回答老师的问题，使同学哄堂大笑，老师叫他以后上课不要发言。

此后，李刚华就对什么都不感兴趣，独自烦恼，从不跟别人讲话，把自己封闭起来，有时还把怨气发泄于砸烂公物，写攻击老师的标语等行为上，一年后，他从一名三好学生变为班上的差生。

李刚华的转变向我们说明了由于某种原因所造成的自闭是极不利于人的身心发展的。

如同李刚华或其他各方面的因素造成自闭的青少年，虽然在生活上仍和过去一样生活着，他们在父母和朋友中间，但却时常感到莫名的孤独。他们感到虽然可以与周围朋友谈论共同的话题，但对自己来说最本质的问题是谁也不能理解自己；虽然可以向父母长辈倾诉自己的困惑，但又可能因此而暴露自己的内心秘密。

于是有相当部分的青少年开始把心里话"对自己说"或"对日记本说"，向同学和师长隐匿秘密。不仅如此，他们还往往把一切弄得都很神秘，他们希望有单独的房间，要有能上锁的抽屉，在夜深人静之时，在属于自己的小天地里冥思苦想，探索自己的秘密以体验新的价值，逐渐认识自己。

另外，由于青少年这段时期不仅身体上有了变化，心理也在随着身体的变化而变化。从年幼无知的儿童到身心发育的青少年，懂得了什么叫面子，什么叫自尊自爱。人类的内心世界本来就是由细腻的感情凝聚而成的，而这种感情又如此脆弱，他们的感情更是如水晶一样不堪一击，别人的一句话、一个动作有时都有可能给他们造成巨大的伤害。

二、产生自闭心理的原因

1. 是由逃避心理所产生的

青少年的自闭行为与生活中所受的挫折有关，因为他们从小在家里娇生惯养，在生活和学习遇到一点挫折和打击后，在精神上就觉得受压抑，觉得周围的环境逐渐变得陌生并不可接受。因此，青少年为了掩饰自己的孤僻、紧张、焦虑心理，常常远离公众场所，自己躲在阴暗的角落里，由于不与人交往从而产生自闭心理。

2. 不愿与人沟通，常常怀疑别人

这种类型的青少年不相信别人，对老师和同学抱着怀疑的心态，缺少信任感，存有冷漠、戒心，尽量想方设法逃避眼前的一切，不愿意与同学打成一片，害怕与老师接触，不愿意与别人沟通，他们只愿意与自己交谈，比如写写日记，就这样自己把自己封锁起来。

三、克服自闭，放开心灵

青少年产生的自闭心理，往往在与家长及老师的交往间划起了一道鸿沟，使家长和老师开始摸不清他们在想些什么，便产生了亲子关系紧张，师生关系紧张，影响同学间团结，给教育带来障碍，同时也阻碍了学生自身的心理健康发展。那么，怎样才能帮助他们克服自闭心理呢？其方法如下：

1. 语送春言，以目传"情"

有关学家研究表明：在和家长及老师的沟通时，都能解动他们的心灵，并产生巨大的感召力，诱发自己回到集体，走出自闭。

2. 主动关心自己

对于自身封闭的青少年，要细心地观察自己平时的学习、生活及交往的情况，留意自己在某方面的不足及困难，并及时地学会关心自己。

3. 情感沟通

情感沟通是打通家长或教师与青少年心灵交往的桥梁。情感可以

化为巨大的沟通力量。青少年要多去亲近和信赖、理解别人，理解家长或是老师，让家长及教师对你抱有好感，从心理上持欢迎的态度。"亲其师而信其道"。事实上，自闭的青少年本身的排他心理，使自己难以与他人进行良好地沟通，情感受到压抑。所以青少年自己要学会融化内心深处的坚冰，引燃自己心灵的火焰，并消除他们对别人的戒备与敌意，从而使他们的自闭心理慢慢地被燃烧掉。

4. 多进行适当地交往

自闭的青少年会害怕与同学、家长、朋友、教师交往接触，因而也就缺少交往的成功经验，常常使自己处于人际关系交往中的恶性循环的被动局面。所以，培养自己的成功交往经验也应从交往开始：多主动地和别人进行交流，了解别人的内心想法。有意识地去靠近别人。

如：对别人平等、互助、坦诚相待的观念，微笑、倾听、赞美、自控的技能等，以此来提高他们的交往能力，发展个性品质，从而打开他们的封闭心理。

5. 正确地理解自我意识

自我意识就是青少年意识到自我以及自我与外界的关系，并通过自身的改造，达到个人实现或完善的过程。其中，自我意识的具体表现便是自尊心及自信心。

自闭心理的青少年，无法把自我认识、评价、体验与同学比较，协调一致，难以形成正确的"自我"概念。对自己缺乏自信。若家长及教师能用同情的态度，疏通自己的封闭心理，促成他们与他人之间的良好交流，便有利于消除他们的自卑心理，从而走出自闭。

6. 自己为榜样

要在认知中了解自己，做到以自己为榜样去和别人进行沟通。这样，向别人提供了良好的自己的形象，别人会主动和自己交往，自己的自闭心理也就此消失了。

而作为青少年，应信任自己的老师和家长，理解他们的一片苦心。

要知道对别人这样的封闭，又怎么会取得别人的理解呢？如果这时父母进入更年期的话，自己对问题的隐瞒封闭，常会加重他们的误解和猜疑。正确的方法应该是自己找到解决自闭心理的方法，以达到帮助自己顺利地度过这一动荡时期。

解决自闭心理的问题还需要回到人际交往的轨道上，只是尽量避免可能伤害自己的情形，尝试新的与人交往的方式，找到适合自己的，并且不会伤害自己与他人的方式，找到了，也就能走出来了。

单元练习

一、填空题

1．青少年的意志发展迅速，其特征是（   ）、（   ）、（   ）、（   ）。

2．孤独感产生的原因有（   ）、（   ）、（   ）。

3．虚荣心产生的原因有（   ）、（   ）、（   ）、（   ）。

4．青少年产生羞怯心理的原因有（   ）、（   ）、（   ）、（   ）、（   ）。

二、问答题

1．青少年的认知能力的发展主要表现在哪些方面？

2．青少年逆反心理产生的原因有哪些？

3．什么是孤独感？

4．抑郁心理的主要表现有哪些？

第四单元
生活卫生基本常识

心理卫生基本常识

从儿童过渡到成年的中间时期，称"青春发育期"，约从 13 岁至 19 岁。心理学家把"青春期"称为"心理上的断乳"。所谓心理上的"断乳"是指脱离父母的监护，成为独立人的过程。第一次断乳是脱离母体的独立，由于"断乳"，与母亲的身体联系完全被切断了。但在心理方面，儿童与父母亲仍然是一体。第一次身体的"断乳"对婴儿来说是一个危机，青春期心理上的"断乳"也一个危机。

青少年时期，心理上的矛盾出现了新的特点：

1. 不断增长的物质需要与未独立的经济地位的矛盾

青少年往往想摆脱家长对他们使用物品的限制，他们觉得自己使

用的东西，自己就有自主权，即不需要再征得家长同意，自己就可以决定与伙伴相互交换，赠送东西。

青少年对物质的需要更多了，但一般经济条件的家庭不可能都给予满足，这样就产生了不断增长的物质欲望与满足的可能性相对减少之间的矛盾。许多青少年在家长正确思想的指导下，能得到很好的解决，

但也有一些青少年在这一矛盾激化过程中犯了错误。

2. 自主要求与依附关系的矛盾

青少年开始发现老师、家长的一些不足之处，或者一些缺点、错误。许多家长不理解或不完全理解这一点，往往将此看作是"犯上"的情绪，而以"不听话"或"学坏了"严加斥责。家长单纯地呵责训斥，不结合孩子思想实际的生硬说教，常会造成同孩子之间感情上的障碍，促使孩子的心理倾向和行为朝着同家长意愿相反的方向发展。

3. 性生活的要求与道德、法制的矛盾

从儿童、少年到青年，在发展、发育过程中对性的理解与体验，大致可分为无知、朦胧、爱慕、初恋、钟情五个阶段。步入青春期的青少年，家长要教育他们正确认识与对待青春期性生理现象。

对女孩子来说，特别要注意月经的心理卫生。初潮女孩往往把不规则月经认为是病态和不正常的现象，因而感到不安。又由于下一次月经难以预测，所以对参加活动常常担心，有的甚至逃避活动。

教师与家长要关心爱护女孩，向其说明其中的科学道理，使女孩子能安下心来。而且家长应给孩子以正确的性生理、心理的指导，帮助女孩子有充分的思想准备，懂得女性生殖器官的结构，月经来潮是怎么回事，生理上会有哪些反

应，自己要如何处理，这样，紧张、不安、不悦等情绪就会减少，就会有利于学生的心理健康。

对男孩子来说，特别要注意遗精的心理卫生。男孩子出现射精，在生理上是自然的现象，不能说是有害的，但男孩子开始懂得性欲，出现了性的欲望，如果家长放任不管，缺乏指导，会带来不良影响，应该教孩子调节好精神生活，端正生活态度，养成良好的生活习惯。同时，家长还要对孩子进行道德观念和法制观念教育。

要教育孩子懂得两性关系方面的道德表现是与总的道德面貌相联系的。要教育孩子加强法制观念，遵守法律规定，抑制感情的冲动。特别要教育女孩子做到自尊自爱，以免造成难以挽回的后果。

4. 活动能量与认识水平的矛盾

青少年活动能量与认识水平的矛盾特点，就是行与知之间的不相平衡，不相适应。家长要积极促使这一矛盾的解决，只能从提高孩子的认识水平方面着手，为此，在丰富及系统化知识的同时，还要训练和发展孩子的逻辑思维及辩证思维。

5. 现实与未来的矛盾

青少年对现实中直觉的、奇特的、变动的现象十分敏感，对此比较感兴趣；而一般的、较稳定的接近本质的东西，则不大容易引起他

们的注意。

一般来说，青少年由于主观的心理倾向和外在的条件不同，对现实的认识可分为两大类。一类是：家庭教育在一般水平以上，个人的兴趣能得到鼓励和培植。这一类的青少年个人理想可能较早地出现，并在良好的环境中发挥作用。另一类是：家庭教育水平较差或者出现了某种悲剧，个人的兴趣缺乏支持或没有发展的条件，他们感觉不到现实的温暖，由烦躁而不满，甚至发展到采取不正当的方法与手段，破坏现实社会的秩序。

青少年往往把问题看得很简单，常常过于相信自己的力量，看不到不利的因素，并有急躁情绪，急功近利。他们一遇到困难和挫折，就容易产生埋怨、不满，甚至灰心丧气。

所以家长既要及早地培植孩子的美好理想，又要帮助他去努力实现自己的理想，引导他勇于和善于同种种困难作斗争。家长必须把孩子对现实的某种满足和欢乐，转变为向往未来的要求和动力，引导他向更高更远大的理想目标前进。

学习卫生基本常识

学习是一种艰苦的脑力劳动，如果负担过重、时间过长就会引起大脑和有关器官的疲劳，长此以往就会损害身体。家长应指导青少年在学习中做到以下几点：

一、不要长时间地连续看书

看书是非常用眼用脑的，青少年神经系统发育不成熟，不能长时间地集中注意力，每次阅读以 30 分钟为宜，最多不要超过 1 节课 40 分钟的时间。看一段时间后应起立活动一会儿，或向远方眺望，使紧张的眼球和大脑得到缓和。

二、书本与眼睛的距离要适当

眼睛离物体越近，要求睫状肌调节晶状体的度数越大，当物体与眼球之间的距离小于 25 厘米时，晶状体的调节度急剧上升，会使眼睛的屈光状态向近视方向发展。因此，儿童少年读书时应保持 30 厘米左右的距离。

三、阅读时应保持正确的坐姿

阅读时坐姿要端正，这可使身体重心稳当地落在坐骨和靠背的支撑点上，这样可以减轻维持坐姿肌肉的负担。要保持眼睛视线与书本正面接近直角，距离要相对稳定，这样可以减轻眼睛的负担。乘车、走路、躺卧时都不宜看书。

四、阅读时光线和字迹要清楚

光线太暗，字迹不清，就不得不把书本拿到眼睛前面很近的地方，这就增加了眼睛的调节负担，造成视力过度紧张而易患近视症。

在太阳光直射下看书，光线太强，容易使人感到刺眼眩目、头昏脑胀。最好是光线从左上方射来，这样写字时手不会遮光。

五、阅读时保持口腔卫生

不要用手沾唾沫翻书，以免手沾上书中细菌传入口中。不要在吃饭时看书学习，边吃边看会两耽误。可以在阅读时饮用茶水，但要注意茶缸的卫生。

家庭卫生基本常识

居室是人们生活的基本环境，对人的健康影响极大，为此，青少年一定要保持家庭的清洁卫生，以减少疾病，增进健康。

一、减少污染

居室中的一氧化碳、二氧化硫、氮氧化物、二氧化碳、苯丙芘、飘尘对人体都有一定的危害。为了尽量减少这些东西对人体的作用，要注意居室的开窗换气，特别是每天早晨起床后和晚上下班后应打开窗彻底通风换气。

现代家庭虽然都十分重视居室的装饰，但却不太注意化纤地毯、塑料壁纸、地板胶、油漆、涂料对人体的危害。因此，对这些装饰品也应定期清污，并尽量不使皮肤直接接触。

二、消灭四害

消灭四害是搞好家庭环境卫生，防治传染病发生的有效措施。

1. 消灭蚊绳

蚊子爱在早、晚大量集中，可用脸盆涂上肥皂水后沾捕，也可用蚊香驱蚊。室外，阳台上的缸、罐等容器要翻过来倒放，防止积水滋生蚊虫。

消灭苍蝇，每个家庭要备苍蝇拍，而且要经常洗烫。另外，还可用敌百虫2

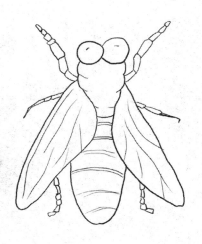

克加水 1000 克，与鱼头、内脏、水果皮等搅拌，放在苍蝇较多的地方进行诱杀。

2．消灭臭虫

在臭虫躲藏的墙壁、地板、家具等处缝隙，可用石灰堵塞或用纸糊，也可用开水直接浇到缝隙处烫死臭虫，或用 80% 敌敌畏乳剂 5 毫升加水 1000 克，对准隐藏臭虫的缝隙涂刷和灌入，然后关闭门窗 1 ~ 1.5 小时，隔一周后重复一次。

3．消灭老鼠

可用老鼠夹或磷化锌粉 0.5 克拌 2 根油条，将油条剪成 5 ~ 10 个小块，放在老鼠经常出没的地方进行诱杀。也可用 0.1 克敌鼠溶液溶于 200 克水中，与 1000 克大米拌匀制成毒米，晾干后连续 5 次投放在老鼠经常出没的地方。每年春秋两季为老鼠繁殖期，应特别注意灭鼠。

4．消灭蟑螂

用开水烫杀碗橱或家具缝隙内的蟑螂，或者在玻璃瓶内放些诱饵，让蟑螂爬进去偷吃，进去以后就爬不出来了。

三、保持厨房卫生

厨房是存放、保管、加工、烹调食品的地方，搞好厨房卫生，也就把好了"病从口入"这一关，也是预防肠道传染病和食物中毒的重要环节。

厨房每天都应打扫一次卫生，消灭苍蝇、老鼠、蟑螂，保持厨房的清洁。炊具和餐具要经常消毒；盛饭菜的容器和抹布等物品要分开，擦桌椅和灶台用的抹布应分开专用，不能混用。直接入口的食品与生食品必须分开；熟食品存放时，不得与生食接触；入冰箱时不同的菜要分别用卫生塑料袋包装。加工制作生、熟食品的一切用具，要严格分开，凡是盛放生食品的木墩、盆子、盘子等，决不能用来加工和盛放熟食品（包括凉拌菜）。炊具和餐具的清洁，最好用洗洁精或碱水刷洗干净后再用清水冲洗干净。

生活卫生基本常识

　　从小养成良好的卫生习惯，有利于青少年的身心健康。在日常生活中要注意讲究个人卫生，要做到"三勤"、"三常"、"二不要"。

一、勤洗手、常剪指甲

　　在日常生活中，两只手接触的东西很多，容易沾染上细菌和虫卵，特别是手指甲缝里，脏东西比较多。因此，吃东西前一定要洗手，养成饭前便后洗手的卫生习惯。

二、勤洗澡、常换衣服

　　人的皮肤排出来的油脂、汗水和落在皮肤上的灰尘混在一起，就成了皮肤上的泥垢。如果不经常洗澡，就会堵塞毛孔，影响皮肤的正常功能，使汗水和油脂不易排出，容易生疖子等皮肤病。所以要养成勤洗澡常换衣服的好习惯，以促使皮肤健康。

三、勤洗头、常理发

　　头皮和头发会经常粘附皮脂和细菌等物，容易发痒。头皮抓破后会感染发炎。所以要经常洗头，促进头皮血液循环，头发也不要留得过长。

四、不随地吐痰

　　随地吐痰是不讲卫生的一种

坏习惯，也是一种不文明的表现。因为痰里有细菌，特别是肺结核病人痰里的结核杆菌，痰吐在地上干了后，散发到空气中，健康人吸进肺里，就容易传上肺结核病。所以，有痰要吐在痰盂里或手绢里。

五、不吸烟、不喝酒

抽烟、喝酒有害青少年的身体健康和学习，因为烟中含有的有毒物质如尼古丁、一氧化碳等，可使人头晕、失眠、记忆力下降等。酒的主要成分是酒精，对肝、肾及神经系统有损害作用，时间长了有害于身心健康。

六、早晚洗脸、睡前洗脚

人的面部分泌的皮脂和汗液比较旺盛，沾染尘土也比较多，养成早晚洗脸的习惯，有利于面部皮肤清洁和健康。脚上的汗腺多，再加上鞋袜覆盖，容易产生臭味，睡前洗脚，可以消除臭味，促进下肢血液循环，冬季可防冻疮，还能消除一天的疲劳，促进睡眠。

七、专业 6 步洗手法

手心搓手心；

手心搓手背；

手指交叉；

手指相扣；

手心旋转揉拇指；

在手心里旋转揉搓指尖。

饮食卫生基本常识

中小学生大多正处于生长发育旺盛时期，各种组织器官不断成长趋向成熟，在生长发育期间，应尤为注意自己的饮食卫生。体内新陈代谢旺盛，身高、体重也有较大的变化，思想活跃，记忆力强，要适应和满足这种生长发育的需要，除各种营养素供给充足外，还要养成良好的饮食卫生习惯，以下是在饮食中要注意的问题。

饭前、便后要洗手，接触食物时要先洗手后拿取，要防止食物在运输、加工、贮存过程中受到污染。

不要偏食、挑食，饮食要多样化，注意合理营养与平衡膳食。防止营养素的摄入不足，有时各种不同的食物搭配还有互相促进消化吸收及利用的效果。

饮食要适量，吃得太少营养素不足，会使体重减轻，消瘦，耐力下降，对疾病的抵抗力降低，严重者可导致贫血、血糖过低、营养不良和维生素缺乏症。相反，如摄入营养过多，不仅造成食物浪费，而且还加重了机体的负担，同时又易引起肥胖、高血脂症、糖尿病等，因此饮食要适量，不宜过多，也不宜过少。

进食要有规律性，定时定量，少吃零食，早、中、晚三餐进食时间尽量固定，临考前应选择热量高、营养丰富和易消化的食物。

避免空腹或饱餐后立即进行紧张学习或考试。不暴饮暴食，暴饮暴食不仅可引起消化不良、胰腺炎等消化系统疾病，而且大量血液集中于胃肠道，还容易引起胃出血等疾病，对身体、学习、考试都不利。

1. 进餐时要专心

进餐时听广播、看电视，容易造成声、光、景、情一起刺激大脑神经，引起感情急剧变化，精力分散，势必引起食欲减退、消化不良，久而久之，消化功能减退，引起肠胃道疾患，使学习受到影响。如果吃饭时，心态平和，思想专一，吃起来对食物的色、香、味、形的明显感受会增加食欲，消化液分泌和肠胃蠕动都会随之增强。

2. 进餐时要少喝水

俗话说"汤泡饭，嚼不烂"，水和食物混在一起吃，是不好的习惯，人在咀嚼固体食物时需要充分地咀嚼，使唾液与食物充分混合，以利于滑润和吞咽，而汤泡饭或进食时边吃边喝水，囫囵吞咽，咀嚼时间短，造成食物在口腔"消化"不完全，加重肠胃负担，水分冲淡胃酸，使消化液稀释，进而使食物不能很好地消化与吸收，久而久之，必然会引起胃病。因此就餐时宜少饮或不饮水，应细嚼慢咽，但在饭前喝点汤，可刺激食欲，有助于进食和消化。

3. 吃饭不能狼吞虎咽

口腔对食物的咀嚼是消化过程的第一步，未经认真咀嚼就匆匆咽下去，使得许多食物尚未嚼碎就进入腹中，不但增加了肠胃的负担，而且也不利于营养物质的吸收。

4. 进餐温度要适宜

少喝冷饮，胃喜暖而恶寒，食物温度应以 20～45 度为宜，如果超过 60 度，食管壁和口腔黏膜就会被烫伤，在致癌物质的诱导下便会引起食管癌变。如果吃过量的冷饮、冷食，可使胃部血管收缩，减少血液供应而致消化不良及胃肠功能紊乱，出现腹痛、腹泻等。

5．不饮酒，不吃霉烂变质食物

选购食品要选择新鲜、卫生、无毒的。不吃未腌制好的咸菜、未炒熟的豆荚类食物。餐具应注意清洁卫生，每餐用后要洗净消毒。

每餐食用适量的植物纤维食物，如蔬菜等，最好荤素搭配。养成每天排便的习惯。

食品卫生基本常识

一、保持厨房卫生的基本原则

厨房作为加工制作饭菜的场所，总免不了有些残羹剩饭，这些残羹剩饭不仅易招引老鼠，滋生蟑螂、蚊蝇，也为细菌的大量繁殖提供了适宜条件，若不及时清理，膳食受到污染的机会大大增加，容易导致食物中毒的发生。怎样搞好厨房卫生呢？以下是不容忽视的一些基本原则：

在接触食品之前，应该先洗手。

经常开窗通气，减少空气中油烟污染。

地面、窗户、灶台、桌面、屋顶、橱柜等要经常打扫、擦洗，保持一个明净清洁的环境。

注意个人卫生，烧菜做饭时，衣着要干净整洁，不要用手抓头皮、挖耳朵、擤鼻涕，更不要对着食物打喷嚏、咳嗽。饭菜尝味时不要用炒勺直接品尝，更不要直接用手接触食物。

加工制作生熟食品的菜刀、砧板、碗、筷、盘、勺等要分开，以防交叉污染，使用后要彻底清洗消毒，如果没有消毒剂，用沸水烫洗也是一种又方便又经济的消毒方法。

注意抹布的卫生，用过后要用清水洗净晾干，不可随便揉作一团，抹布虽小，但容易藏污纳垢，传播病菌。

剩余食品应妥善保存，避免苍蝇、老鼠、蟑螂光顾，造成污染。

如果家有肝炎、结核病人，要注意餐具隔离与消毒，病人餐具要专用，防止传染。

将切割用具用防水布料遮盖起来。

切割生肉时，要使用单独的刀子。生肉包含了大量的有害细菌，很容易传染给其他食物，造成食物中毒。

在处理两种不同的食品时，剁肉板最好是先擦洗一下。如果可能，在切割生肉时，使用不同的剁肉板。

在处理生肉、鱼或接触熟食之前都应该洗手。

将准备好的干净食物放好。

在冰箱中，要把不熟的食品和已经熟了的食品放在不同的隔板上，生食品应该放在一个不会向其他食物滴水的地方。

在烹饪之前，总是应该先将食物完全解冻，不要将解冻的食品再冷冻起来。

在加工食品的时候，禁止吸烟（烟灰有可能掉下去，而且可能通过你的手将口中的细菌传染给食品）。

定时清洗抽气扇及抽油烟机，食具宜放在干净的碗柜内。

冰箱不是"保险柜"，许多人存在一个认识误区，觉得食物放进冰箱就万事大吉了。其实受过细菌污染的食品放冰箱后，低温并不能把细菌冻死，只是抑制其繁殖，细菌仍然活着，取出后在室温下很快会生长繁殖。

科学的贮存方法是，生熟食品分架存放，熟食放在上层，生食放在下层。蔬菜等生食要洗净或装入塑料袋后放进冰箱，防止交叉污染。除罐头食品外，一般食品存放时间不应超过一周，冰箱内保存熟食，最好用带盖的容器，或扣上个盘子或碗，水果最好完整保存。

虽然很多食物，例如水果及蔬菜，最好是在未经烹调的情况下食用，但有些食物除不适宜未经加工就食用。例如奶类食品。某些食物，例如配制沙拉的青瓜、生菜，在生吃前必须彻底清洗。

煮熟食物后要尽快进食。当热食冷却至室温时，细菌便开始滋生，食物存放于室温的时间越长，滋生细菌的机会便越大。因此，食物煮熟后要尽快进食。

小心贮存熟食。倘若必须预先煮熟食物或保存剩余的食物，请谨记将食物存放于4度以下。小孩的食物不宜贮存，应立即食用。不可将大量温热的食物放进冰箱。当冰箱里放置了太多食物时，食物就不能迅速彻底冷却。食物中心部分保持热的时间太长，病菌便会快速滋生。

彻底重新加热经过贮存的熟食。正确贮存食物只可以减慢细菌滋生的速度，但不能消灭微生物。所以，当重新加热经过贮存的熟食时，亦要确保食物的每部分均达到70度以上。

饮用安全的水，如对饮用水的安全有所疑虑，应先行将饮用水煮沸。

二、食物中毒

食物中毒一般多发生在夏秋季，儿童发病率较高，主要是由细菌污染食物而引起的一种以急性胃肠炎为主症的疾病。最常见的是沙门氏菌类污染，以肉类为主；葡萄球菌引起中毒的食物多为乳制品及糖果糕点等；嗜盐菌引起中毒的食物多是海产品；肉毒杆菌引起中毒的食物多是罐头肉食制品。

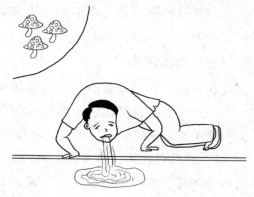

除了细菌性食物中毒，还有动物性食物中毒、植物性食物中毒和化学性食物中毒。

在动物性食物中毒中，主

要有两种：将天然含有有毒成分的动物或动物的某一部分当做食品，误食引起中毒反应，如食用河豚中毒，其次是鱼胆中毒。

在植物性食物中毒中，主要有三种原因：将天然含有有毒成分的植物或其加工制品当做食品，如桐油、大麻油等引起的食物中毒；在食品的加工过程中，将未能破坏或除去有毒成分的植物当做食品食用，如木薯、苦杏仁等；在一定条件下，不当地食用含有大量有毒成分的植物性食品，如食用鲜黄花菜、发芽的马铃薯、霉变的甘蔗、未腌制好的咸菜或未烧熟的扁豆等容易造成中毒。

在化学性食物中毒中，主要有三种原因：误食被有毒的化学物质污染的食品；因添加非食品级的或禁止使用的食品添加剂、营养强化剂的食品，以及超量使用食品添加剂而导致的食物中毒；因贮藏等原因，造成营养素发生化学变化的食品，如油脂酸败中毒。

如果发生食物中毒，主要的症状表现为食用被污染的食物后 1～24 小时内出现恶心、剧烈呕吐、腹痛腹泻，随后出现脱水和血压下降而导致休克。肉毒杆菌污染所致中毒病情最严重，可出现吞咽困难、失语、复视等。

食物中毒后要及早进行救治，中毒早期可进行催吐、洗胃；剧烈腹痛、腹泻者可注射阿托品；脱水者及早补充液体；也可饮用加入少许食盐和糖的液体；也可用抗生素。如果是由肉毒杆菌引起的中毒，应立即送往医院急救。因此，预防食物中毒的关键是禁食霉腐变质和被污染的食品。

三、食品污染

在中国，食用畜禽肉、禽蛋类较多，多年来一直以沙门氏菌食物中毒居首位。鱼、虾蟹、贝类和海藻等所造成的中毒多是副溶血性弧菌食物中毒。常见的有以下几类污染：

1. 细菌性污染。常见的有沙门菌、变形杆菌、肉毒杆菌、金黄色葡萄球菌等，主要污染食品为变质的肉、蛋、奶、豆制品、发馊的饭菜或冷饮；而肉毒杆菌污染的是火腿、腊肉、罐头、臭豆腐等。

2. 霉菌性污染。常见的有黄曲霉素等，污染的食品主要为霉变的米、麦、花生、玉米等。

3. 寄生虫性污染。常见的有绦虫污染的猪肉、牛肉，姜片虫和肺吸虫的卵，囊蚴污染的荸荠、蟹、虾等。

4. 病毒性污染。常见的有甲型肝炎病毒污染的毛蚶。

5. 农药残留。包括谷物、蔬菜、水果、蛋、奶、肉等食品中残留的有机磷农药、有机氯农药、有机汞农药等。

6. 亚硝胺类化合物污染。腌渍食物如腊肠、火腿、腌菜等。

因此，在自制发酵食品时要保持卫生，防止霉变，以杜绝食物中毒。因为这些生物性污染往往会导致食品变质。

用一般的烹调方法加热处理不能破坏食品中的真菌毒素。因此，在购买肉类时要仔细查看该肉食是否已经过卫生检疫，有相应图章，而且售卖点也最好是经过卫生认证的。同时，病禽、病畜甚至死禽、死畜、死鱼都不能购买。

不要随便购买熟食，进餐时要选择卫生条件好的饭馆，特别是不要在卫生条件不佳的饮食场所进食。此外，冷藏食品应保质、保鲜，动物食品食前应彻底加热煮透。加工肉制品和海鲜时也应生熟分开，避免交叉感染。

食用腌腊罐头食品时，最好在食前煮沸 6 ~ 10 分钟。

注意食品的保质期，尽量不吃超过保质期的食品。

单元练习

一、填空题

1. 青少年神经系统发育不成熟，不能长时间地集中注意力，每次阅读以（　　）分钟为宜。

2. （　　）是搞好家庭环境卫生，防治传染病发生的有效措施。

3. （　　）一般多发生在夏秋季，儿童发病率较高，主要是由细菌污染食物而引起的一种以急性胃肠炎为主症的疾病。

二、问答题

1. 青少年时期，心理上的矛盾出现了哪些新特点？

2. 学习卫生基本常识有哪些？

3. 生活卫生基本常识有哪些？

第五单元
疾病防治基本常识

近视眼的预防

近视眼是指眼睛只能看见近处的景或物，而远处的景或物则模糊不清的一种不正常的屈光现象。不良的视力，不仅会影响我们的日常生活、学习和工作，也会直接影响处于成长期的青少年的心理发展和体质发育，并造成许多的疾病。

视力正常的人，在静态的时候，从六米以外的一般目标投射进来的光线，通过角膜、房水、晶状体和玻璃体的一系列屈光系统，可以在视网膜上形成焦点，我们的眼睛就可以看清楚"目的物"。

而近视眼就不同了，由于睫状肌失调，使晶状体变得凸出，当看远处物体时，晶状体不能恢复为扁平状，使物像不能落在视网膜上，于是就模糊不清。

一、什么导致了近视眼的发生

目前中小学生患近视眼的人日益增多，其中原因也是由多方面导致的，主要归纳为两类：先天因素（遗传因素）和后天因素，即环境因素。

大量的调查和研究表明，近视眼与先天性遗传关系已被证实，家庭中，父亲与母亲是高度近视者，子女患近视的机会会比一般人明显增多；父亲与母亲都无近视，子女发生近视的机

会就少。具有遗传因素的人，若不注意环境因素的影响，则更容易发生近视。

引起近视的环境因素主要包括以下四个方面：

1. 营养状况

充足的营养、合理的膳食是保证眼睛健康的前提。蛋白质、维生素、钙等都是维护眼睛正常功能的营养物质，这些营养物质缺乏时，很容易诱发近视。

2. 身体状况

身体健康状况不良，体质较差，身体患有某种疾病，均可成为发生近视的诱发因素。

3. 用眼的习惯

不良的用眼习惯是引起近视眼的重要因素，如：趴着看书、读书、写字，看书写字时眼睛离书本过近，走路或在动态中看书，及长时间用眼。

4. 照明条件

适宜的照明条件可有效地预防近视的发生，而在强光照射下或昏暗灯光下看书写字，则容易发生近视。

二、怎样预防近视的发生

预防近视是保护视力的一项重要措施，务必要从以下七方面做起：

（1）定期检查视力，发现视力下降应及时采取有效措施。

（2）多参加锻炼，增强体质，这是预防近视的一项积极措施。

（3）在学习和工作的场所，光线适宜，光线不要太强或太暗。

（4）平时注意用眼卫生，如感觉眼睛不适，应积极地及时地进行治疗。

（5）操作电脑时，时间不宜过长，每隔 40～50 分钟，应稍微休息 5～10 分钟，闭眼或向远处眺望，防止眼睛过度疲劳。

（6）阅读图书时做到"五不看"，即不躺着看书，不连续长时间看书，不趴着看书，不看字体印刷不清或字体太小的书。

（7）阅读或书写时，应保持正确姿势，桌椅高低要适合，眼与读物之间应保持 30 厘米的距离。

脊柱弯曲的预防

造成青少年脊柱弯曲异常的原因主要有姿势不正、缺乏锻炼和营养不良，预防脊柱弯曲只要注意端正姿势，经常锻炼和保证身体的全面营养，就能达到较好的效果。

一、姿势不正

如学校的课桌椅高矮和学生身材不相适应。课桌过高可使身体长期偏于一侧，使脊柱两侧的肌肉和韧带功能失调而形成脊柱侧凸；课桌过低可使脊柱后凸而形成驼背。有时课桌椅高度虽然适合学生身材高矮，但如不注意正确的读写姿势，时间久了同样也可引起脊柱弯曲异常。

二、缺乏体育活动和体力劳动

适当地参加体育运动和体力劳动在平衡脊柱两侧的肌肉中起着重要的作用。调查证明，在同类学校中，体育运动开展得较好的学校，发生脊柱弯曲者较少；而体育运动开展得差的学校，脊柱弯曲者则较多。

三、营养不良和疾病

缺乏维生素 D 和钙使骨质松软，肌肉松弛无力，造成佝偻病性驼背。患有脊柱结核、骨盆倾斜等都可引起驼背或侧弯。

颈椎病的预防

现在的青少年由于学习紧张，长期伏案读书、写字，伏案时姿势欠妥及每天背着沉重的书包，都会导致椎间隙炎症水肿，严重的还可造成颈椎间盘膨出；另有一些青少年由于沉迷于电脑游戏以及高枕、软床等诸多因素，长时间保持单一姿势，也增加了颈椎疾病的发生风险，那么什么是颈椎病呢？

一、颈椎病的症状

颈椎病症状错综复杂，主要症状是颈肩痛，放射至头枕部和上肢，少数有眩晕、摔倒，或一侧面部发热、出汗异常，严重者双下肢活动受影响，甚至截瘫。

具体来说，病人会有脖子发僵、发硬、疼痛、颈部活动受限、肩背部沉重、肌肉变硬、上肢无力、手指麻木、肢体皮肤感觉减退、手里握物有时不自觉地落下等表现；有些病人出现下肢僵凝，似乎不听指挥，或下肢绵软，有如在棉花上行走；另一些病人甚至会有头痛、头晕、视力减退、耳鸣、恶心等异常感觉；更有少数病人出现大小便失控、性功能障碍，甚至四肢瘫痪。

当然不是所有的表现都会在每一个颈椎病病人身上表现出来，往往是仅仅出现部分症状，而且大部分病人表现轻微，病程也比较长，所以完全没有必要闻颈椎病而色变，更不要随意对号入座。

正因为颈椎病症状的复杂性、多样性，加上认识的模糊，本病经常与神经内科、耳鼻喉科或内科疾病相混淆，从而延误诊治。近年来，随着研究的深入，诊断水平不断得到提高，治疗方法也取得了可喜的进展，尤其是手术疗法不断得到改进与完善。目前除各大医院外，少数二级医院也已逐步开展颈椎病手术治疗的探索。

二、颈椎病有哪些类型

颈椎病的分型很多，有按西医分型的，也有按中医分型的。传统上将之分为神经根型、脊髓型、交感神经型、椎动脉型和混合型。

1992 年 10 月在青岛召开的"全国第二届颈椎病专题座谈会"将之分为以下六型：

（1）局部型：由颈椎间盘退行性改变引起颈椎局部或反射性地引起枕颈肩部疼痛，颈部活动受限。

（2）神经根型：颈椎间盘退行性改变的刺激，压迫脊神经根，引起感觉、运动功能障碍者，又分为急性、慢性两种。

（3）脊髓型：颈椎间盘退行性改变造成脊髓受压和缺血，引起脊髓传导功能障碍者，又分为中央型和周围型两种。中央型的发病是以上肢开始，向下肢发展；周围型的发病是以下肢开始，向上肢发展。此两型又可分为轻、中、重三度。

（4）椎动脉型：由于椎关节退行性改变的刺激，压迫椎动脉，造成椎基底动脉供血不全者。

（5）交感神经型：颈椎间盘退行性改变的刺激，压迫颈部交感神经纤维，引起一系列反射性症状者。

（6）其他型：指食管压迫型等。

三、如何预防颈椎病

长时间低头工作，躺在床上看电视、看书，喜欢高枕，长时间操作电脑，剧烈地旋转颈部或头部，在行驶的车上睡觉，这些不良的姿势均会使颈部肌肉处于长期的疲劳状态，容易发生损伤。颈椎的发育不良或缺陷也是颈椎病发生不可忽视的原因之一，那么预防颈椎病的方法有哪些呢？

（1）看书学习时要定时休息，轻轻让颈部以各种不同的方式转动、弯曲。

（2）保持良好的学习姿势，坐下时将背部轻微地弯曲，并应时常变换看书写字的姿势和体位。良好的坐姿应该是：脊柱正直，写字时头部不过分前倾，不耸肩，不歪头，两肩之间的连线与桌缘平行，前胸不受压迫，大腿水平，两足着地，保持均衡稳定而又不易产生疲劳的体位，避免颈椎长时间处于一种固定不变的姿势。

（3）睡眠时间要充足，以使紧张的颈椎得到充分的休息。不要趴着睡觉，床垫不要太软，仰睡时枕头不得高于一侧肩宽的2/3，侧卧时枕头不得高于一侧肩宽。纠正不良的睡眠姿势，选择高低适宜、质地柔软、透气性好、符合颈椎生理曲度的枕头。

听力早衰的预防

近年来，MP3 或 CD 已成为一些人的随身携带的时尚品，尤其是学生经常戴耳机听音乐。但是，长期戴耳机容易影响听力。应该保护好自己耳朵的听觉神经。

一、不应长时间戴耳机

微型录放机、电视机、收音机，输出的音量一般在 85 分贝左右，而这样的音量对耳神经有相当大的刺激作用，听久了会造成听力减退。

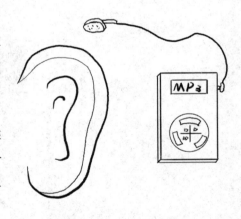

在外出时，尤其在骑车、乘车、走路时不宜戴耳机，否则会分散你的注意力，容易发生交通事故。

戴耳机后，外耳道被紧紧堵住，高音量直接集中到很薄的耳膜上，听觉神经的兴奋和紧张，会造成神经系统的兴奋和紧张，听久了会引起大脑皮层的疲劳和兴奋。

边工作或学习，边听歌，工作或学习质量不会好。

二、怎样才能预防听力的早衰

为了预防或防止听力的早衰，我们在日常生活中要注意以下几个方面：

对于用耳塞听 MP3 或 CD 的人，建议音量不宜过大，听收音机的时间不宜过长；那些歌厅、KTV 场所，为追求强节奏刺激的，噪音强度达到 100 分贝以上，超过了安全标准，这样的环境，青少年一般不宜出入。

长时间地处于噪音环境中会使人烦躁不安、失眠及血压升高，心脏排血量减少，从而影响内耳营养，使听觉感受器官功能减退，甚至导致耳聋。

防止药物致聋。有些药物易损伤听力，称为耳毒性药物。如：链霉素、庆大霉素、卡那霉素、阿斯匹林等……

饮食注意勿食高脂肪、高胆固醇食物，因为这些食物可导致高血压，也会在一定程度上影响听力。

肥胖症的预防

少儿肥胖症是由于食欲旺盛，日常进食的营养超过了生长发育所需，致使多余的营养转变成脂肪组织贮藏在体内，形成肥胖。

本症患儿大多自婴儿期就食欲很好，容易接受添加的辅食品。长大了，爱吃荤菜、甜食及油腻的食物。三餐之外，还吃较多的零食，如糕饼、点心、巧克力。在幼儿时长得比同年的孩子高、胖。但由于较胖，孩子行动不够灵活，往往不愿参加有竞争性的游戏或体育活动，平时活动也较少，减少了运动的消耗，就相对地增加了营养的累积，使肥胖加重。

所以多吃与少动是引起肥胖的原因，而二者又是相辅相成的。

现代医学认为成年人的血管硬化、冠心病等疾病与脂肪代谢障碍有关，而肥胖者的发病率则显著增高，所以早期预防及控制肥胖症很有必要，可降低成年后的心血管疾病的发病率。

控制少儿体重超常应从饮食调整及增加活动着手。肥胖的少儿一向食欲旺盛，故应从改变食物种类入手，避免多吃高营养、高热量的食物，即含脂肪、淀粉类丰富的食物，如肥肉、甜食、糕饼、土豆、山芋、油炸的食

物、巧克力等，而多吃些含热量较低、富含蛋白质的食物，如瘦肉、鱼、豆制品、粗粮。

多吃些蔬菜和水果。使孩子每餐食后仍有饱足感，并要鼓励孩子多参加各种活动，以增加体力消耗。但也不要一下子剧烈运动，往往大量运动后，反而肚子很饿，吃得更多，而适得其反。

一般孩子进入少年期后，自己多能感到肥胖不美和不方便，而会自觉限制饮食，增加锻炼，使体态恢复正常。

少儿肥胖绝大多数是良性的。但如在较短时间内出现肥胖，而脂肪的分布不均匀呈"向心性"，即面部及颈背、胸、腹肥胖，而四肢却相对较瘦，并伴有多毛、高血压等，或表现性征不发育，则应疑有肾上腺或脑下垂体等内分泌功能疾病，必须去医院确诊。

中小学生发热的治疗

青少年调节体温的机能尚不健全，但新陈代谢很旺盛，运动很频繁，所以其体温比成年人平均要高出 0.5 ~ 0.6 度。正常体温 37.5 ~ 38 度以上才能看做是发烧。

青少年发烧时，不仅要测量体温的高低，而且有必要注意发烧的初起和经过，以及同时出现的各种症状。

如果神志清醒，虽然发烧但精神很好时，就不要慌张。如果出现昏睡，有呕吐、腹泻，体温高还有脸色苍白、手脚发凉等症状时，这是病情危重的表现，要尽早去看医生。

发烧时水分损失很大，容易造成脱水，所以不要忘记给患者补充水分。尤其伴有腹泻和呕吐的患者，补充水分是十分重要的。

在冷敷头部时，也要注意身体保暖，特别是在手脚发凉时，可用暖水袋暖之，但是要注意不要引起烫伤，暖水袋要用布包好，放在离脚 30 厘米远的地方。

如患者感到发冷，可多穿一些衣服。否则，不要给患者穿过多的衣服，那样不利于解热，另外应给患者穿容易吸汗的棉质内衣，而且每次出汗后都要更换。

在饮食上要多给容易消化的、含蛋白质多的食物。有口腔炎时，可给刺激性小、稀软的食物。还要注意室内温度，可经常打开窗子，换换空气。

中小学生咳嗽的治疗

咳嗽本身不是一种独立的疾病，而是一种清除呼吸道异物的防御性反应，轻咳对机体无妨，不必应用止咳药，但重度咳嗽给患者带来痛苦时则可酌情选用止咳药。

引起咳嗽的病因很多：如呼吸道的急、慢性炎症，呼吸道异物，呼吸道受压迫，过敏反应，胸膜受刺激等。

所以，遇有咳嗽的病人，首先要全面分析病情，查明原因，在治疗病因的基础上，选择适当的止咳药，给以对症治疗。

治疗咳嗽的药物主要分为镇咳药、祛痰药和平喘药三大类。

镇咳药主要包括可待因、吗啡、咳必清、咳美芬、甘草合剂等，这类药对呼吸道轻度炎症，产生的刺激性干咳效果较好，但此类某些麻醉药类必须在医生指导下应用。

祛痰药包括牡荆油、氯化铵、碘化钾、痰易净、满山红、咳宁糖浆等，这类药对清除呼吸道痰多和痰液黏稠效果较好。平喘药包括麻黄碱、舒喘灵、氨茶碱、维生素 K_1 等。喘症多是由于过敏或炎症，刺激支气管平滑肌痉挛所造成的。

平喘药所起的药理作用主要是解除支气管平滑肌痉挛，有利于痰液排出，但用药时应选择副作用小，对年龄较小的孩子可用安全可靠的药物。

中小学生呕吐的治疗

青少年比成年人容易发生呕吐，引发的原因有很多种。咳嗽严重时会引起呕吐，吃多了也会引起呕吐，激烈活动和过于兴奋都会引起呕吐。不过这些呕吐都不必担心，有的在呕吐前虽然看上去很痛苦，但在呕吐后就没事了。

对于腹泻后开始的呕吐、发烧时的呕吐、呕吐后突然精神不好、越来越恶心并且脸色也不好的时候，则一刻也不要耽误，要立即去医院检查诊治。

在多次呕吐或恶心的时候，为了让胃休息一下，可不食用水分和食物。在经过治疗，呕吐停止时再开始喝水。食物可每次少吃，但要增加次数。

呕吐时要注意其呕吐是所吃的食物未经消化原样吐出来了还是消化后吐出来的，也要观察呕吐时的情况、次数和量。

因为有可能是传染性疾病，所以在呕吐并有腹泻、发烧时，一定要引起注意，要带上呕吐物和大便去医院检查，以便及早发现病情及早治疗。

单元练习

一、填空题

1. （　　　）是指眼睛只能看见近处的景或物，而远处的景或物则模糊不清的一种不正常的屈光现象。

2. 控制小儿体重超常应从（　　　）及增加活动着手。

二、问答题

1. 减轻流感症状有哪些方法？

2. 预防乙型肝炎有几种方法？

3. 怎样预防儿童肥胖症？

第六单元

饮食与健康主题活动

活动目的

随着我国经济及教育体制的改革，许多学校食堂已逐步推向社会化管理，加之学校周边社区服务、个体经营、流动摊贩对学校的渗透，学生用餐的习惯也随着改变，因而带来学生饮食卫生的隐患。

当前学生饮食卫生所面临的主要问题是：学校集体食堂管理经营模式改变，近年来随着经济体制的转轨，许多食堂已向社会化管理模式转化，原带有福利保障性质的经营模式被承包或承租经营形式所取代，这样，学校与食堂之间，由原来食品卫生有明确责任义务的行政管理关系转变为经济合同，使学校对食堂卫生管理难以落实到实处。

学校周边食品店，流动摊位卫生状况差，缺乏有序管理，这是目前许多学校普遍存在的共性问题。这类店面多为单间式、面积小、上下水设施差，餐具清洗、消毒设施不全，生产加工环境及从业人员卫生状况差；而一部分流动摊点无固定卫生设施条件，"三证"不全，且从业人员流动性大，素质较差，卫生意识淡薄，学校及有关部门对此缺乏管理力度，给学生饮食卫生带来很大的隐患。

学生普遍缺乏良好的饮食卫生习惯，由于学校不再实行包食制，学生就餐的选择也很广，一般学生往往喜欢选择学校外周边店、流动摊位，这样就餐方便，也不用洗刷餐具，又因学生普遍未养成良好卫生习惯，未在进餐前洗手，往往一下课便冲向饭店"一饱了之"。

因此，为确保学生预防食物中毒，把住"病从口入"这一关，增强学生的自我保护能力，特别举行这次"学校饮食与健康主题活动"。

活动安排

1. 布置各班做好开展活动的材料收集工作。

2. 利用班会课进行一次"食品卫生安全"教育。

3. 收集整理活动材料。

在 4 家规模一般的快餐店里，各种各样的蔬菜都直接堆放在潮湿、脏乱的地面上，没有餐具的消毒设备。餐桌、凳子、蒸笼等看上去都油腻腻的，让人看了很不舒服。而且一些清洗完的餐具也是直接放在桌子，上面没有任何东西来遮盖。

在卖大饼、油条的早餐店里，锅里黑乎乎的油直冒热气，散发出来的气味非常的不好闻，我们问了店里的老板，他说两天换一次油。

校门口的临时摊点基本都是设施简陋、没有防尘、防蚊蝇设施，街上车来车往，刮风时尘土飞扬，有些摊主还边收钱边拿食品给顾客，卫生状况极差。

通过调查，看到了在我们生活的周围原来还存在着许多不卫生的东西，要是我们买来吃，那就会生病的啊！今后同学们要注意饮食卫生，不要乱吃不卫生的东西，让健康成为我们最亲密的伙伴并时刻伴随着我们成长。

活动过程

1. 学生表演小品（播放背景音乐）

这位同学表演得精彩吗？大家回想一下，刚才那位同学为什么会肚子疼？

拿出一只塑料小熊举例什么叫做暴饮暴食。

如果同学们也暴饮暴食，小小的胃一下子装得满满的，肠和胃负担过重，引起消化不良就意味着要吃药打针。但也不是说完全不能吃，比如牛奶、花生、核桃、水果等可以增加营养的摄入，就可以吃一点。但买食品时要注意生产日期和有效期，过了期的食物就不要吃了，不吃三无产品，否则就会像刚才那位同学那样。

2. 看图（一）（现场演示）

问：正在干什么？什么时候吃早餐、午餐、晚餐？

师：这就是要求同学们一日三餐要定时定量。

（并解释"定时定量"）

问答题（大屏显示）

"早上时间太紧张，可以不吃早餐。"对吗？为什么？

学生分组讨论。

师：经过一夜的消化，早上起来肚子已空空的，如果不吃早餐，挨饿上课。而上午课时多，活动多，体力消耗大，热量一下子供应不上，就会头晕眼花。长期如此会引起贫血等疾病，所以早餐不但要吃，还要吃得好，要吃含有丰富蛋白质的食物，比如牛奶加面包或者鸡蛋更好。

"一日三餐哪一餐最主要？为什么？"

学生分组讨论。

师：上午体内的热量消耗大，需要得到补充，而且还要为下午的学习活动做准备，所以午餐要吃饱。而晚餐吃得太多，会影响睡眠。所以不要吃得太饱。但如果晚上有很多事情要做，比如要帮妈妈洗碗扫地，还要学习，那晚餐要吃得较好。

3. 看图（二）（出示图片）

学生一边看图片一边讲解。

这位学生拿着饭碗睁大眼睛，正在收看"小叮当"这个节目，这时大雄被肥仔捉住打；圆头圆脑的叮当正跑过去救大雄。那学生顾不上吃饭，喊：叮当跑快点。

"吃饭时看电视，对吗？"

学生分组讨论。

师：吃饭时情绪要稳定专一，一边吃饭一边看电视，会引起情绪变化。看到高兴时哈哈大笑，看到悲伤时擦眼流泪。这样会影响食欲和营养的吸收，这样是不卫生的，你们是这样吃饭吗？所以一定要养成良好的饮食习惯。

4. 判断（大屏显示）（对的打勾，错的打叉）

（1）选择安全食品，选择新鲜、干净、保质期内的食品。（　　）

（2）使用符合卫生要求的水。（　　）

（3）彻底加热烹调食品，对食品烧熟煮透。（　　）

（4）煮熟的食品最好立即食用，需贮存时，要冷藏并生熟分开。

（　　）

（5）经贮存过的食品食前不需再加热。（　　）

（6）处理及食用食物时不需要清洁双手。（　　）

5．应急小贴士（看图及文字说明）

食物中毒怎么办？

（1）立即停止食用可疑食品。

（2）饮水。立即喝下大量洁净水，稀释毒素。

（3）催吐。用手指压迫咽喉，尽可能将胃里的食物吐出。

（4）用塑料袋留好呕吐物或粪便，送医院检查，以便于诊断。

（5）出现脱水症状（如皮肤起皱、心率加快等），应尽快将中毒病人送往附近医院救治。

（6）不要轻易给病人服用止泻药，以免贻误病情。

6．诗歌：

饮食卫生要做到：

一日三餐，定时定量，

不偏食，不挑食。

早餐吃得好，

午餐吃得饱，

晚餐吃得少。

暴饮暴食最不好。

从小养成好习惯，

身体健康又强壮。

7．游戏。

分别请两位同学表演，让其他同学竞猜饮食"十"忌的内容。

忌"零"食，忌"偏"食，

忌"哭"食，忌"笑"食，

忌"甜"食，忌"咸"食，

忌"走"食，忌"玩"食，

忌"暴"食，忌"蹲"食。

8. 阅读课文，总结。(屏示思考题)

(1) 良好的饮食卫生习惯包括哪些内容？

(2) 为什么早餐一定要吃好？

总结：当然，每个学生的家庭条件各不一样，所以在吃饭时事先要考虑吃饱肚子，注意荤素搭配，然后，有条件的可以考虑吃得好一点，但最后重要的还是不偏食，不挑食。我们养成了良好的饮食卫生习惯，才会有健康的身体。有了健康的身体，才能为祖国的建设贡献出一份力量。所以从今天起，我们一定要养成良好的饮食卫生习惯。

9. 课外延伸。

(1) 为什么三餐要定时定量？还要注意营养均衡？

我的膳食营养原则是：

荤素搭配；

粗细粮搭配；

多种搭配；

每日都吃适当的新鲜水果和蔬菜；

_____；

_____；

_____；

……

进行一次以"吃饱三餐，告别零食"为主题的征文活动。

活动效果

本次活动开展各班各有各的特色，每个班都根据本班的学生生活中接触到的问题进行专题活动，有的进行"购买食品应注意什么"的指导，有的进行"食物中毒、救护"的讲座，有的开展"预防食物中毒"的指导，从"牛奶"、"饮用水"、"肉制品营养"、"塑料食品袋"等多方面了解卫生状况的活动开展，大大增强了学生自我洁身的理解。从自身做起，做到"四勤"，勤洗手剪指甲、勤洗澡理发、勤洗衣服被褥、勤换衣服，养成良好的卫生习惯，使自己健康成长。

安全无小事，饮食安全直接关系到每个学生的身心健康。班主任要教育全班同学树立正确的食品卫生观念，努力提高饮食卫生方面的自我防范意识，克服侥幸心理和麻痹思想，利用晨会、班会组织学生学习有关营养与食品卫生方面的知识，培养识别腐败、变质食品的能力，合理搭配膳食，形成正确的饮食卫生习惯；教育学生不买校门、街头摊点出售的各类食品，杜绝食物中毒的发生。

加强学生的饮食卫生安全意识，提高预防能力，了解预防有关传染性疾病的知识。各班利用周三课间操、周四、周五晨会时间

对学生进行专项教育。

注意饮食卫生，要严厉禁止本班学生到校门外路边摊点购买熟食和零食。

各班要建立举报制度，发动学生对到校门外路边摊点购买熟食和零食的学生进行检举，对屡教不改的学生要将情况通知家长。

提醒寄宿的学生从家里带来的食品不要久存，以防变质中毒。

维护公共环境卫生。秋季也是疾病多发季节，特别提醒同学们返校后注意寝室和教室的开窗通风。

搞好个人卫生，养成良好的卫生习惯，勤洗手，多锻炼。发现身体不适，要及时到医院治疗。

"安全第一，预防为主"。全体班主任要切实明确安全工作的利害关系，针对本班特点，加强对学生的饮食安全教育，防患于未然。

活动总结

通过这次活动，要进一步规范学校食堂的卫生管理，要结合学校食堂的自身情况，制订一套有针对性而切实可行的岗位卫生责任制，检查考核制度和奖惩制度，由学校负责组织开展食品卫生法制教育、卫生知识宣传，在此基础上与承包、承租商签订卫生责任状，突出校方食品卫生管理权，食堂食品的采购、运输、贮存应由校方监督，对食堂的从业人员每年做好健康体检工作，建立健康档案。

综合整治校园周边地区的食品店、流动摊位，卫生监督部门应联合公安、工商、市容等部门加大对校园周边地区的食品店、摊位的巡回监督检查，重点检查其卫生设施，从业人员健康状况、食品原料、餐具消毒等几大卫生环节，坚决取缔"三无"的流动摊位。

利用多种有效形式培养学生良好的卫生习惯，学校要充分利用广播、板报、宣传栏等形式对学生进行食品卫生知识宣传，同时，学校还应提供清洁的饮用水，改善学生洗手设施，充分让每一位学生认识到重视食品卫生的必要性。

卫生监督机构要突出重点，顺应变化，做好学校学生饮食卫生的监督管理，由于当前学生饮食受到学校食堂的管理和经营的改变、学生用餐的供给途径、品种多样化以及学生饮食卫生习惯的改变等诸多因素的影响，卫生监督机构对学校食品卫生的监督管理必须顺应新情况新问题，争取做到"抓校内抓校外、抓好监督抓宣传"，真正切实保障广大学生的健康安全。

附：

一、填空题

1. 从儿童过渡到成年的中间时期，称为（　　）。

2. 阅读时坐姿要端正，眼睛视线与书本正面应接近成（　　）角。

3. 儿童身心发育具有（　　）、（　　）、（　　）（　　）、等特征。

4. （　　）是判断一个孩子体格发育是否正常的一项重要指标。

5. 与类似流感的症状不同，（　　）的症状是流感样症状、皮肤红疹、腹泻及疲劳、胃部不适和黄疸。

6. 控制小儿体重超常应从（　　）及增加活动着手。

7. 引起晕厥的原因很多，最常见的是（　　），约占全部晕厥的90%。

二、问答题

1. 青少年时期，中小学生心理上的矛盾会出现哪些新特点？

2. 学习卫生的基本常识有哪些?

3. 青少年身心发育具有哪些特征?

4. 如何减轻流感的症状?

5. 中小学生怎样预防晕厥的发生?